大根料理大全

料理人が知っておきたい
素材を生かす大根仕事
―品種図鑑付き―

料理 橋本幹造
「日本料理 一凛」

誠文堂新光社

はじめに

春、夏、秋、冬、1年を通じて、
日本料理店の厨房には
大根が存在します。

大根は日々、厨房のどこかで仕事をしていますが、
料理の中で主役になることは稀で、
もっぱら脇役専門です。

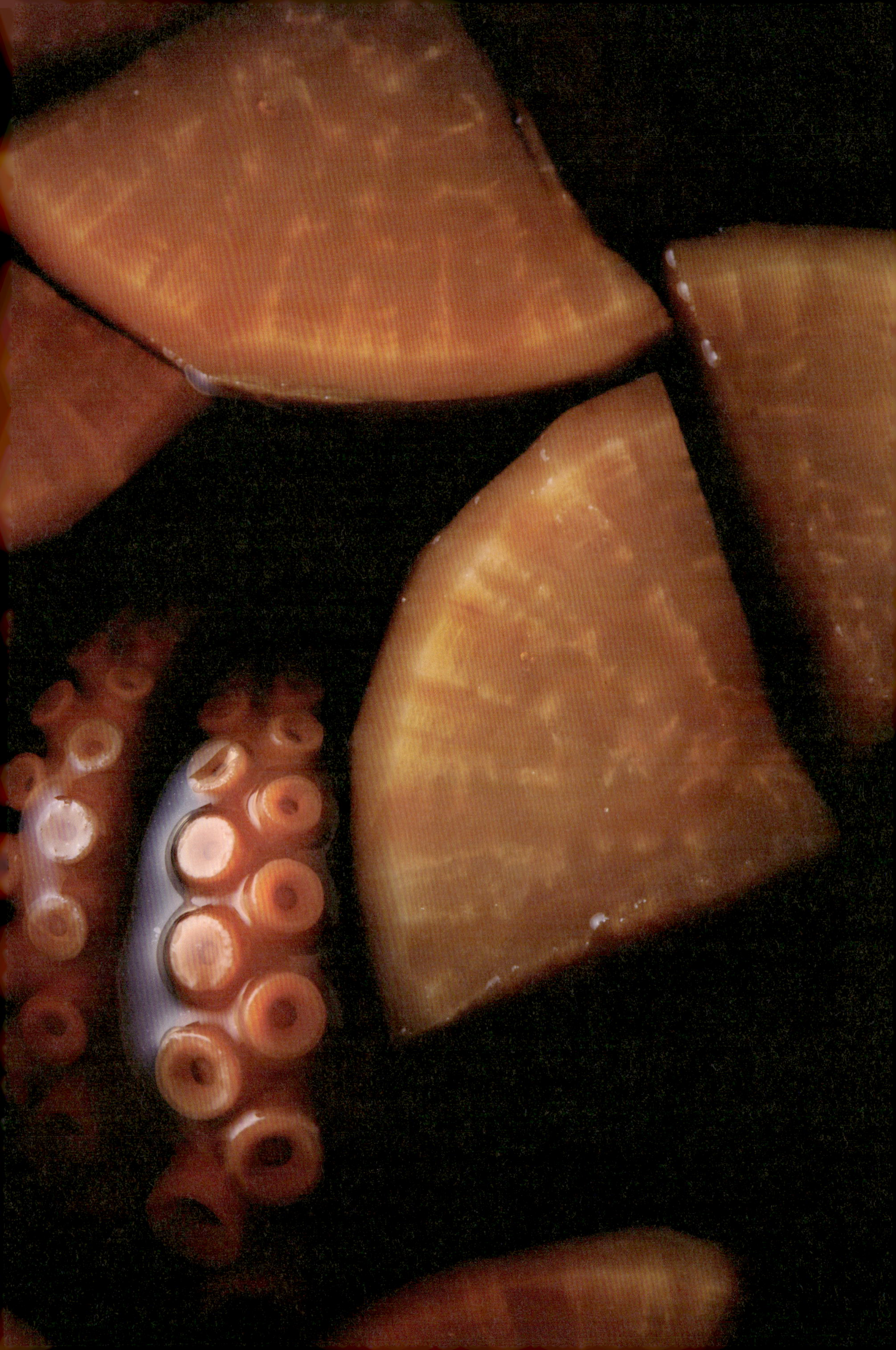

ほかの食材の引き立て役として裏で仕事だけして、
器の中に姿を見せないことも、
日本料理では、めずらしくありません。

そんな大根にも、
世間から大切にされ、
一目置かれた時代がありました。

「果蔬涅槃図」伊藤若冲／京都国立博物館蔵

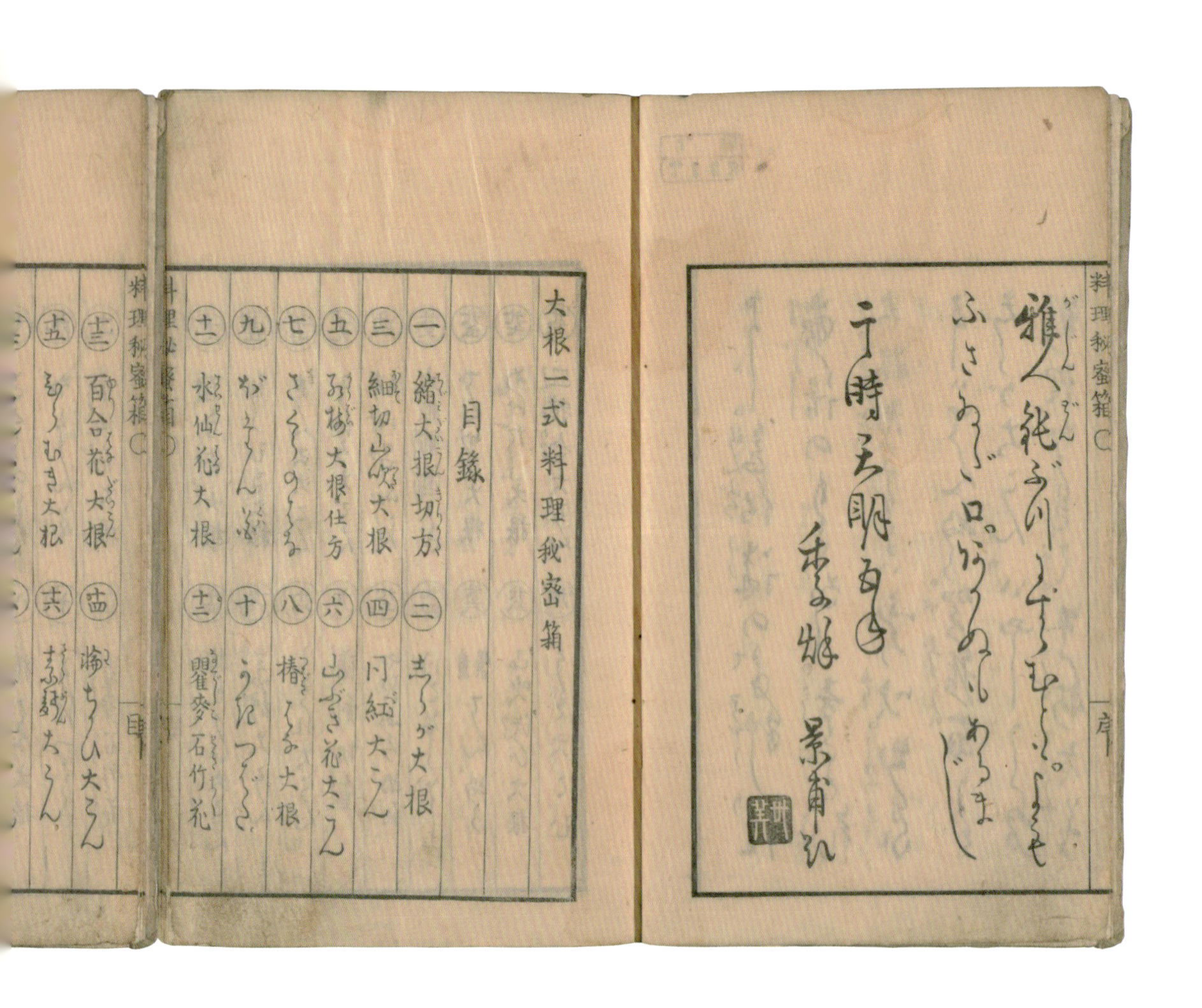
料理秘密箱

大根一式料理秘密箱

目録

一 縮大根切方

十一 水仙花大根

十二 瞿麦石竹花

十三 百合花大根

江戸時代には
大根だけの料理書も記され、
大根料理の基本は
ほぼこの時代に
土台ができたと言われています。

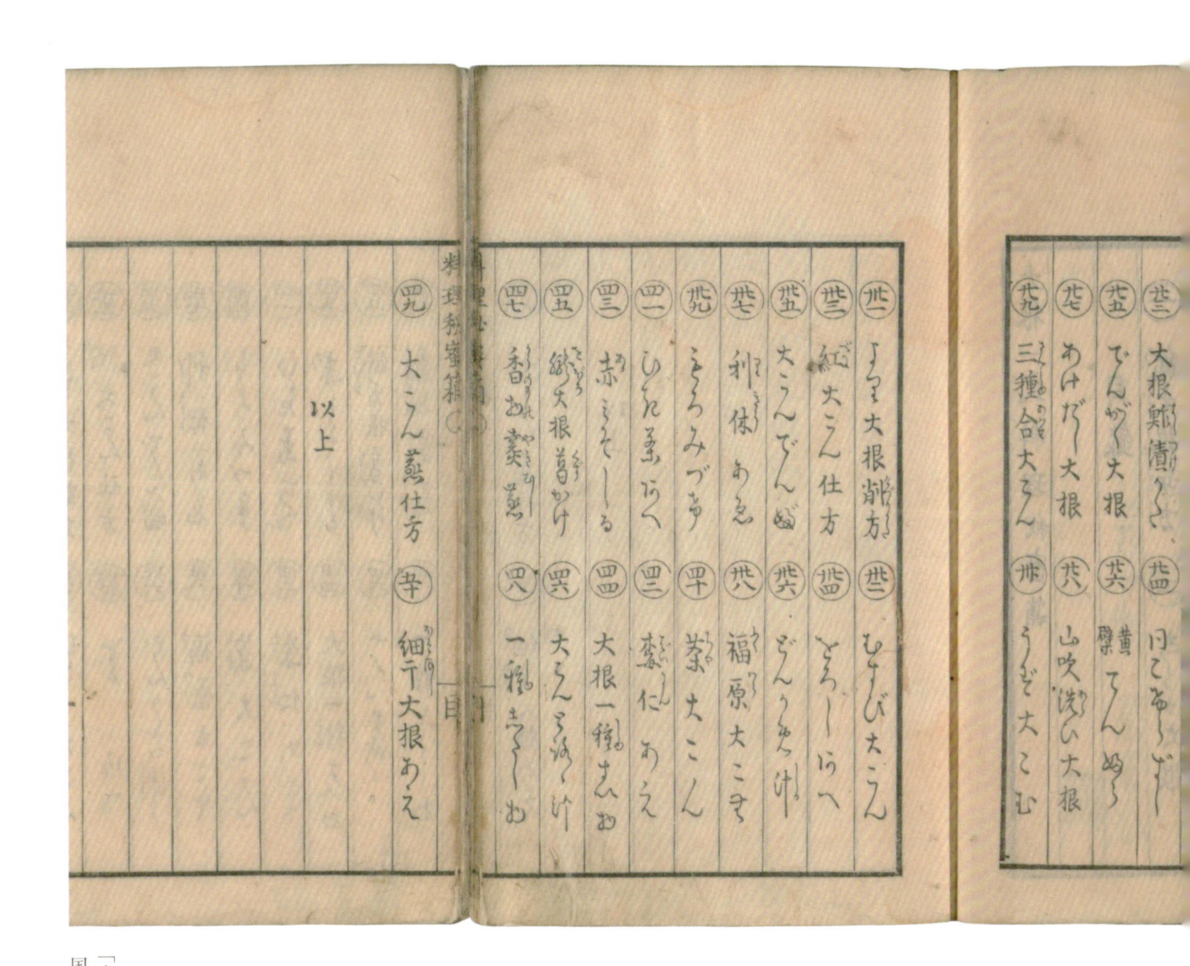

料理秘密箱　目

「大根一式料理秘密箱」目録／
国立国会図書館デジタルコレクションより

時は過ぎ、豊かな時代と引きかえに、
大根はどんどん隅へ追いやられ、
気にとめる人も少なくなってきています。

それでも、日本の食を陰になり日向になり支える大根。
その恩恵を、いまもいちばん受けているのは、
日本料理人と言ってよいでしょう。

京都・舞鶴生まれ
京の伝統野菜
佐波賀だいこん
等級
階級
入数
秀
本

主役になりきれないところがある大根ですが、
いまも昔も日本料理に欠かせないことを
大根仕事を通して、お伝えしたいと思います。

もくじ

本書の材料について

* 「一凛」では、半量まで煮詰めた煮切り酒、煮切りみりんをすべての料理に使用していますが、ここでは、「酒」「みりん」と表記しました。
* 調味用の塩は、塩水（199ページ参照）を使用していますが、「塩」と表記しました。
* 大根の下ごしらえで使う「塩水」の塩分濃度は0.3～0.5%が目安です。
* 「吸い地」は昆布とかつおのだしに酒と塩、淡口醤油で味をととのえたものです。
* 「葛粉」はアクを抜くため、水で溶いて一晩おき、翌日水を捨て、新しい水で溶いたものを使います。
* 大根の下茹でに使う「米の研ぎ汁」は、材料欄での表記を省略しています。
* 食材や調味料は産地や時期、作り手によって味が異なるため、分量の記載は控えました。

第一章 大根料理集

酢の物、和え物

生の大根料理には、
日本料理の味作りの原形が見えます。

紅白なます二種

｜材料｜

大根
人参
塩
甘酢
　米酢
　昆布だし
　きび砂糖
　塩
ゆず皮

紅白なます二種

紅白なますは、おせち料理をはじめとした祝いごとに用います。店では正月から立春を迎える頃までお出ししています。

大根は、甘酢に浸ける前に粗塩をさっと揉み込みます。これは、余分なアクと水分を抜き、風味と食感を引き立てるため。味付けではないので、大根何グラムに塩何グラムが重要ではなく、手早くやることのほうが大切です。精製塩は粒子が細かく、大根に浸透しすぎるので、ここでは粗塩をおすすめします。高価な塩を使う必要もありません。

私のやり方は、大きめのボウルに大根と塩を入れ、両手でほぐすように持ち上げながら、塩をまとわせていきます。2、3分で水分が出始め、つやが出たら、塩味が少し残る程度に洗い流します。水気を切るときはタオルで

—作り方—

一
大根と人参は皮をむき、せん切り、または短冊に切る。

二
大根と人参は、別々に塩で揉み、塩気を洗い流したら、タオルにはさんで水気をやさしく押ししぼる。

三
密閉容器に移し、甘酢をひたひた程度に入れ、最低8時間浸ける。

四
ゆず皮のせん切りと共に器に盛る。

＊甘酢
昆布だしにきび砂糖を溶いて、中火にかける。だしが沸騰し始めたら米酢を加え、ひと沸か

くるみ、両手で包み込んで、全体に均等に圧をかけて押ししぼります。塩揉みはひねったり、力を強く入れると繊維質が壊れ、雑味につながるだけでなく、食感にも影響してくるので、大根を傷つけないよう丁寧に行うことが大切です。

そのあと、甘酢に浸けます。甘酢の酸味を適度に飛ばすコツは、先にだしを沸かしてから酢を加えることです。すし酢を昆布だしや水で加減したものに浸けてもよいでしょう。

紅白なますは、大根5に対して人参1の割合で作ることが多いのですが、短冊切りの場合、器に盛り付けたときの人参は1枚でも、大根の白が映えて美しいと思います。

しして火を止める。味がぼけるのを防ぐため、仕上げに、ごく少量の塩で味を引き締める。
※酢1に対し、昆布だしは3〜5。割合は大根の大きさで加減する。
※甘酢は冷やしてから、種を抜いた鷹の爪、ゆず皮を少し加えると、日持ちと香りがよくなる。

くるみ和え

短冊切りのなます大根を使った展開料理です。
くるみは酢に浸けたものとよく合います。少しだけ醤油を加えていますが、味を付けるというよりは、ほかの食材と仲良くさせるための切符みたいなイメージです。
あさつきの辛みや、大根のポリポリとした食感があるので酒のあてにもいい。たまに、お客様から食事のあと、酒のあてを少しちょうだいと言われることがあって、そんなときにも重宝する一品です。うちの定番の豆皿八寸にも、ときどき入れます。
正月明けになますをお出しすると、食べ飽きたと嫌がるお客様もいらっしゃるのですが、こうすると別ものに感じるのか、「旨いなー」と言ってもらえます。

| 材料 |

なます大根
鬼ぐるみ
あさつき
淡口醬油

— 作り方 —

一
あさつきはさっと湯がいて、おか上げする。

二
鬼ぐるみは煎って、すり鉢であたる。淡口醬油を少量加えてなじませる。

三
なます大根とあさつきを加えて和える。

小肌ときゅうりの奉書巻き

| 材料 |

大根
塩水
小肌
きゅうり
塩
米酢
昆布
甘酢
- すし酢
- 昆布だし

小肌ときゅうりの奉書巻き

桂むきにした大根をなますに仕立てておくと、料理の展開に華やかさが加わります。

なますは甘酢に浸ける前に、塩揉みの工程がありますが、桂むきにした大根は、塩水に浸けて水分を抜きます。大根にやわらかさが出て、巻いても割れにくくなります。

ここでは、大根を酢飯に見立て、小肌ときゅうりを芯にして巻きました。冬の江戸前の小肌は脂がのっているので、塩と酢で締めたあと、昆布でも締めています。

きれいに巻きあげると、なんとも粋な姿と味わいになり、大根料理に付きまとう田舎っぽさは影を潜めます。思わず「日本酒持ってきて」と言いたくなる味です。

―作り方―

一
大根は桂むきにして、塩水にしばらく浸ける。

二
やわらかくなったら、乾いたタオルで水気をふきとり、巻き直して甘酢に浸ける。

三
小肌は三枚におろし、塩と米酢で締めたあと、昆布で一晩締める。

四
きゅうりは縦半分に切って塩をまぶし、20分おいてから、水気と塩気をふきとる。

五
小肌ときゅうりを芯にして大根で巻き、食べやすい厚さに切る。

＊甘酢
すし酢1に対し、昆布だし15を合わせる。
※すし酢は、米酢に砂糖と塩を合わせて寝かせたもの。

｜材料｜

大根
塩水
鯛
塩
昆布
甘酢
わさび

鯛なます

鯛なます

大根がおいしくなる冬。魚は越冬のため、身に脂を蓄えます。魚の王様、真鯛も例外ではありません。そのまま刺身も乙なのですが、昆布締めにしてからなます大根で巻くと、脂がちょうどいい塩梅におさえられ、真鯛の旨みが引き立ちます。

大根はやや厚めの桂むきがちょうどよいと思います。

大根と真鯛にしっかり味がのっているので、提供するとき、醤油は添えず、おろしわさびだけにしています。鯛の昆布締めとなます大根、どちらも知った味ですが、一緒に合わせると、また違った味わいになって新鮮です。

―作り方―

一
大根は厚めの桂むきにして、塩水にしばらく浸ける。

二
やわらかくなったら、乾いたタオルで水気をふきとり、巻き直して甘酢に浸ける。

三
鯛は柵取りし、ひと塩してから、昆布で締める。

四
鯛を長めの一口大に切り、甘酢に浸けた大根で一重に巻く。器に盛って、わさびを添える。

＊甘酢
作り方は28ページ参照。

ごま大根

なますの変化球として、こんな一品はいかがでしょうか。なますと言っても、長時間、甘酢に浸けるわけではなく、煎りたてのごまに酢をこぼして、塩揉みした大根をさっとくぐらせるだけ。短時間で味がまわるよう、大根は小さな拍子木切りにしました。

ほのかに塩気を感じるシャキシャキッとした大根と、ごまの香ばしさを、酢がさっぱりとまとめてくれます。

甘みを入れていないので、口直しにちょうどよく、料理と料理の間にひと呼吸おきたいときにもってこいの一品です。店では、焼き物のあしらいによく添えています。

—作り方—

一
大根は3～4センチ長さの小さめの拍子木切りにして、手早く塩で揉んだら、水でさっと洗い流し、水気をふきとっておく。

二
フライパンで白ごまを煎ってボウルに移し、熱いうちに米酢を加え、塩揉みした大根をさっとくぐらせる。

材料

大根
白ごま
米酢
塩

しめじと柿のみぞれ和え

みぞれ和えは、甘酸っぱい味やしょっぱい味を付けようとするより、大根おろしの田舎臭さをおさえることを念頭におくと、料理屋らしい、すっきりとした味にまとまります。私は、昆布だしと米酢を基本に、必要であれば、醤油やみりんで加減して、最小限の調味料でバランスをとるようにしています。

ここでは、大根おろしを白く仕上げるため、合わせ酢に醤油は加えませんでした。米酢の酸味をやわらげるみりんを少しだけ加えています。

大根おろしの水分は多すぎてもだめですが、あとで合わせ酢の水分が入るからといって、バサバサになるまでしぼると、大根の苦みが出て味が壊れてしまいます。目安は心地よい舌触りになるところまで。大根おろしを名脇役に変身させれば、印象深い一品になります。

―作り方―

一
大根は皮をむいておろす。さらしで包み、両手で均等に圧をかけて水気を押ししぼる。

二
しめじはさっと湯がいておか上げし、水気をとる。干し柿は食べやすい大きさにちぎる。

三
大根おろしを合わせ酢で調味し、しめじと干し柿を和える。

四
器に盛り、すりおろしたゆず皮をふる。

＊合わせ酢
昆布だし7に対して、米酢1を合わせ、みりんで加減する。

| 材料 |

大根
しめじ
干し柿
合わせ酢
　昆布だし
　米酢
　みりん
ゆず皮

松館しぼり大根のみぞれ和え

秋田の松館しぼり大根を使ったみぞれ和えです。

大根おろしを水切りしたあとの水分は捨てるもの、と料理人は考えますが、この大根は「しぼり汁こそが命」という、とてもめずらしい辛味大根です。

松館しぼり大根は身が詰まって硬いので、おろすのもひと仕事。おろしているときは、水分が外にほとんど出ませんが、しぼると、意外に水分を含んでいることがわかります。みぞれ和えに使う場合はしぼらずに、そのまま和え衣にして、まるごと味わいます。

大根の自然な辛みを生かすため、合わせ酢には、みりんを加えませんでしたが、辛みをおさえたい場合は、お好みで加減してください。

夏みかんや三つ葉の香りで楽しませながらも、大根の辛みが後から追いかけてくるので、お酒のあてにも向いています。また、合わせ酢は昆布だしをベースにしているので、精進料理の向付として、お刺身の代わりに出すこともできます。

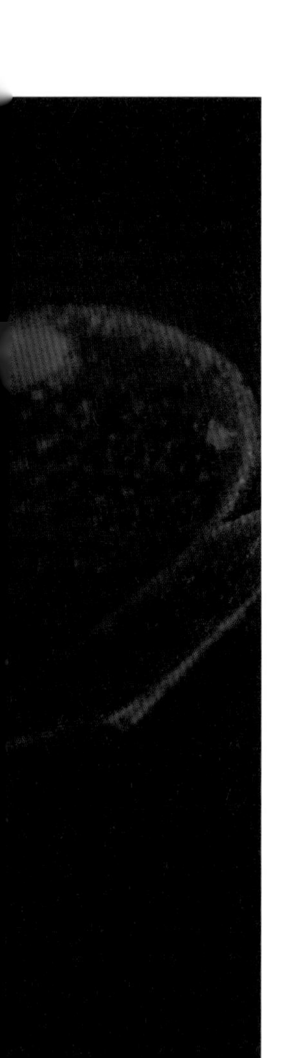

| 材料 |

松館しぼり大根
しいたけ
三つ葉
夏みかん
酒
合わせ酢
　昆布だし
　米酢

—作り方—

一
大根は皮付きのままおろす。

二
しいたけは半日陰干しにし、薄切りにして、少量の酒で炒る。

三
三つ葉の軸を下茹でする。

四
夏みかんは、房から実を取り出しほぐす。

五
大根おろしを合わせ酢で調味し、しいたけ、三つ葉、夏みかんを和える。

*合わせ酢
昆布だし7に対して、米酢1を合わせる。

お造り、珍味

料理人は包丁人。
その成長を裏で支えるのは、大根です。

鯛のお造り三種

大根が日本に深く根を下ろした背景には、魚を生で食べる食文化も関係していると言われます。刺身に添える大根のつまはその代表で、桂むきにした大根を繊維に沿って切るか、繊維を断つように切るかで、2種類に分かれます。

繊維に沿って平行に切った大根のつまは立ちやすく、スッと高く盛ることができます。その姿が剣のように見えることから、「けん」または「縦けん」と呼ばれます。シャキシャキとした食感で、お造りを凛とした姿に見せてくれます。

逆にふわりとやわらかく、丸みやボリューム感を出したいときは、繊維に対し垂直に切ります。「横けん」と呼ばれ、深めの器に盛るときや、宴会料理の姿盛りなどで、敷きづまとして使われることも多い切り方です。小さく丸めて刺身に添えると、やさしい雰囲気のお造りになります。

私は大根おろしをボール状に丸めて添えることもあります。お造りの風景がいつもと違って見え、緊張感がやわらぐのか、こうすると大根を残される方が少ない気がします。

大根のつまを残すことに慣れてしまった人が多く、お店でも添えないケースが増えていますが、口の中を清め、刺身の味を鮮明にしてくれる役割があるので、これからも続けていきたい習慣です。

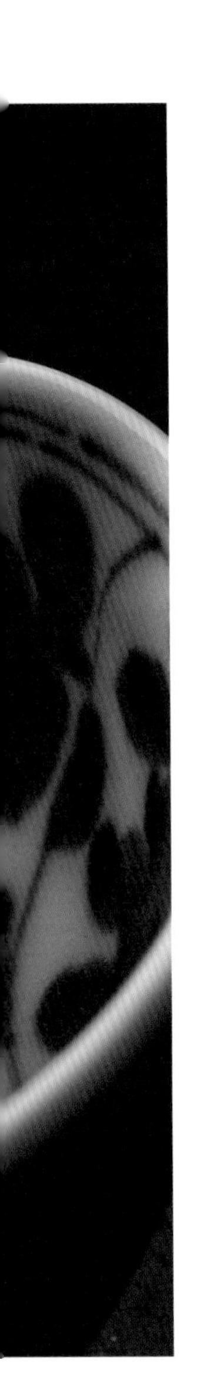

| 材料 |

鯛
大根(縦けん)
木の芽
わさび
つけ醤油

｜材料｜

鯛
大根（横けん）
花穂紫蘇
赤芽紫蘇
大葉
わさび
つけ醤油

| 材料 |

鯛
大根おろし
すだち
塩

からすみ大根

甘みの増した大根でからすみをはさみ、塩気を和らげながらいただく、冬ならではの贅沢な酒肴です。厳寒の頃、大根がいちばん甘くなったところでお出ししています。この時期の大根は、食感も一年のうちでいちばんパリッとしています。

切るだけなので、お造り同様、包丁の切れ味が仕上がりを左右します。ここでは、短冊切りにして添えました。大根は切ってから12分くらいまでしか、持ち味が生きないと聞いてからは、水には放たず、切りたてを提供するようにしています。

からすみが主役ではありますが、大根の姿ひとつで、その印象はずいぶん違ってきます。大根からみずみずしい一片を切り出す包丁仕事は、料理人の腕の見せどころと言ってよいと思います。

―作り方―

一
ボラの卵巣は軽く塩漬けにして1時間おく。

二
塩を洗い落として、塩水に3日浸けたあと、冷凍する。

三
度数の高い焼酎に一晩浸けてから、風通しのよい場所で好みの期間干す。

四
大根は皮をむき、芯の甘い部分が入るように短冊切りにする。大根の厚さは、からすみの厚さに揃えると見た目が美しい。

五
薄く切ったからすみと大根を器に盛る。

| 材料 |

大根
ボラの卵巣
塩
塩水
焼酎

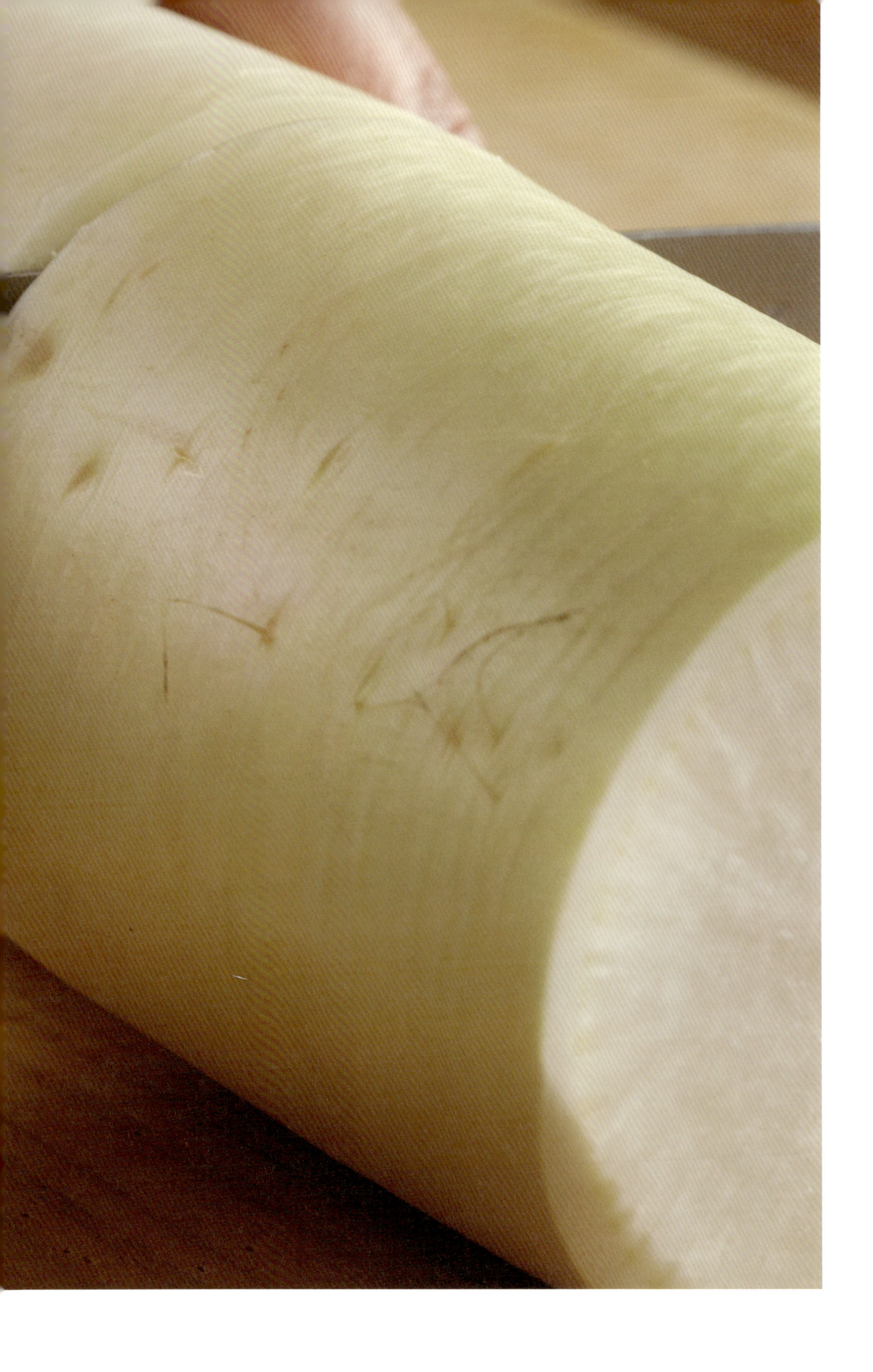

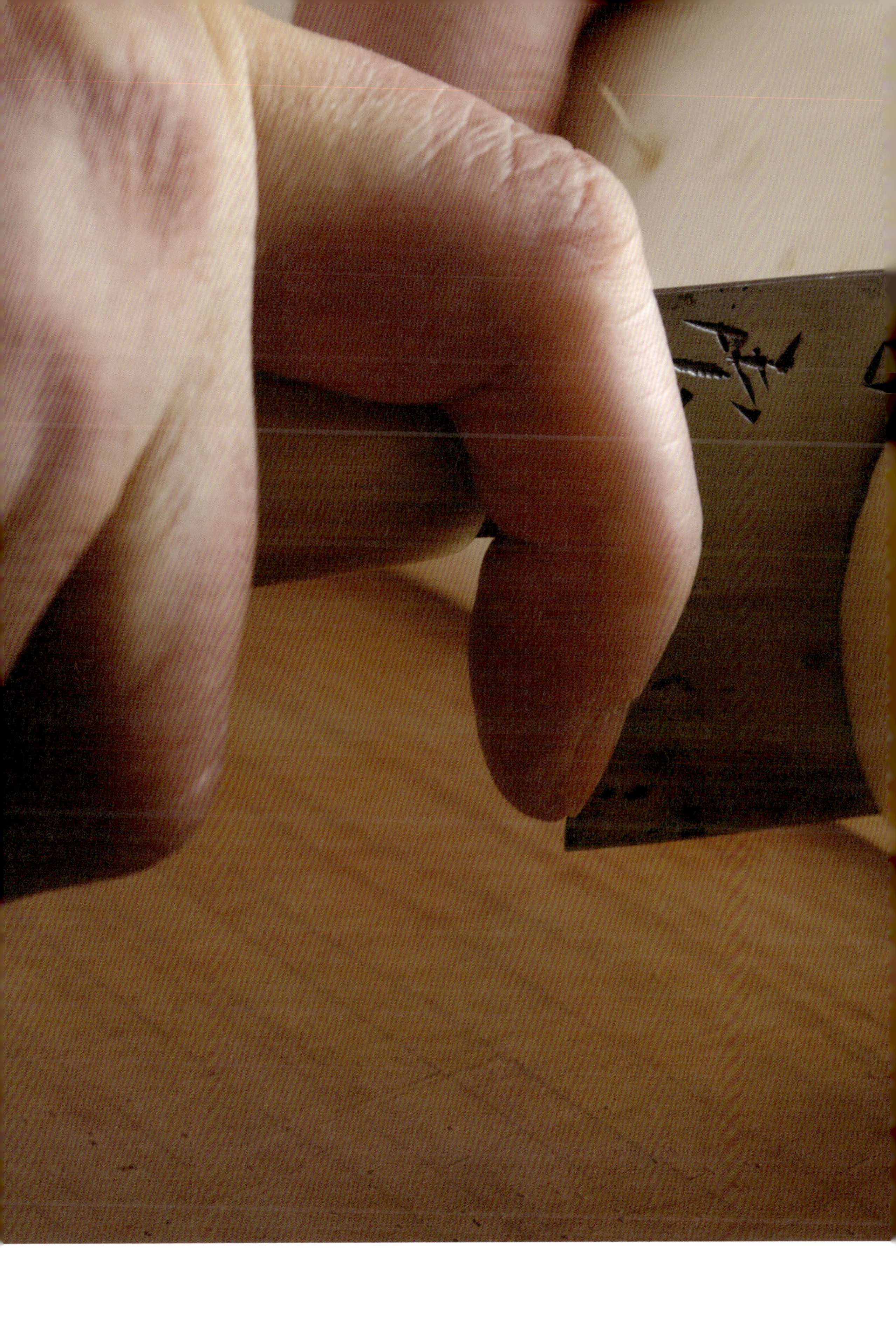

基本の大根仕事1

切り方編

大根の姿を
美しく整え、
心も整える

大根のように大きな根菜を切るとき、刃を上から下へ垂直に下ろすと「切る」より「裂く」、または「割る」に近い状態になり、断面はザラザラになります。これでは和包丁の切れ味を生かした切り方とは言えません。

日本料理では刺し身のようにやわらかいものは包丁を手前に引いて切りますが、根菜のように硬いものは、手前から向こうへ押して切るのが基本です。引くより押すほうが楽に力も入ります。大根を輪切りにするときは、刃先のほうをあて、そのまま前へ押し出して、刃渡り全体を使って切ると、繊維がつぶれず、切り口はつるりときれいになります。

ガタガタの断面は、
面直しをしてから、
皮をむきます。

基本を守っても、大根の状態によっては、刃が入った瞬間に割れて、ガタガタになることがあります。そんなときは大根を立てて、横から包丁を入れ、面直しをします。切り口が斜めに傾いてしまった場合も、面直しをして水平に整えます。放置したまま先に進めば、あとで修正が何度も必要になり、時間と大根を無駄にしてしまいます。

皮をむくときは、皮と身の境目に沿って刃を入れるとスムーズに進み、側面もなめらかな肌になります。白くきれいな姿に大根が整うと、心も整い、あとに続く包丁仕事も丁寧になります。

基本の大根仕事1

桂むきのちょっとした心得

切り方編

桂むきのいちばんのコツは、包丁の柄を握ろうとしないことです。柄を握ると手に力が入り、刃の進みがぎこちなくなってしまうからです。

では、どうやって包丁を支えるのか？　刃と柄の継ぎ目90度のところに中指と薬指をひっかけるだけでいいのです。柄はバランス棒と考え、刃を進める間は自由に遊ばせておきます。包丁の切れ味を生かす秘訣は、とにかく力まないことです。

桂むきでもうひとつ注意したいのが、大根の薄さを確かめようと、横から覗きこむことです。覗きこむと姿勢が崩れ、包丁がずれる原因に。厚みは大根越しに透けて見える刃の色と、繊維の流れの濃淡で確かめます。

桂むきは数をこなさないと上達しないものですが、少しでもはやく上手になりたいという方には、朝イチにやることをおすすめします。一日のなかでいちばん気持ちが落ち着いて、集中できる時間帯だからです。また、刃がまだ何も切っていない、手入れしたての包丁で桂むきをするのと、いろんなものを切ったあとの包丁で同じ作業をするのとでは、切れ味も当然違います。気持ちを整え、刃のコンディションを整えてのぞめば、大根は喜んで応えてくれるでしょう。

桂むきは
数をこなすことも大切ですが、
時間帯も大事です。

基本の大根仕事1

切り方編

力まず、手早く
円を描いて
大根を切る

家庭のおろし金に比べ、料理人が使うおろし金は末広がりで、やや幅広なので、面全体を使って円を描くようにおろすことができます。

甘くてきめの細かい大根おろしにするには、おろし金の四つ角に大根があたるくらい大きく全面を使って、内回し（反時計回り）に円を描きながら手早くおろしていきます。このとき、余計な力を入れないことが大切です。

大根おろしは、「細かい刃で大根を切る」という意識でのぞんでみてください。刺し身を引くとき、切り口がしっとりとなめらかになるよう、包丁は弧を描くように動かしますが、大根おろしもこれと同じ考え方ができます。おろし金は刃が固定されているので、刺し身とは逆に、大根のほうを円を描くように動かします。上から押し切るのではなく、横から刃にあてて切っていくと繊維がつぶれず、えぐみも防げます。

みぞれ和えなど料理に使うおろしは、目の細かいほうでおろし、臭みとりなどの下ごしらえに使うおろしは目の粗いほうでおろしたものを使います。料理の中で、大根おろしの存在感を出したいときは、目の粗いほうでおろすこともあります。作業はさらしを広げたバットの上で行うと、おろし金が安定し、水切りにそのまま移れるので、動きに無駄がありません。

大根おろしは、細かい刃で大根を切るという意識でのぞみます。

基本の大根仕事1

切り方編

大根を温めて
包丁仕事を
円滑に進める

冷え込みが厳しい真冬、身の詰まった大根は、刃の入れ方によってはすぐ割れてしまうことがあります。そんなときは、ぬるま湯に浸けてから切ると、大根をいためず、あとに続く包丁仕事をスムーズに進めることができます。辛味大根のように硬い大根は、ぬるま湯で温めてからおろすと、力がいらず、おろしもねっとりと独特の質感になります。

江戸時代の大根料理の本には、大根を薄く切るときや、繊細な細工包丁をする際のコツとして、ぬるま湯で温める手順がたびたび出てきます。切る途中、大根と包丁にぬるま湯をかけながらやると、大根につやが出るとも書かれています。

ぬるま湯を喜ぶのは大根ばかりではなかったと思います。冷たい水仕事の多い厨房で、温かい湯に触れ、指先が温まれば、包丁を持つ手も生き返ります。大根を温めつつ、人も温めて、包丁仕事を円滑にしていたのでしょう。

私も修業時代、桂むきや大根をおろすとき、冷たいのが嫌で、ぬるま湯で大根をこっそり温めていました。親方に見つかって怒られたのも、懐かしい思い出です。

辛味大根など硬い大根は、
ぬるま湯で温めるとおろしやすくなります。

椀物

日本料理の花形と言われる椀物では、
名脇役、裏方としての大根の生かし方をご紹介します。

甘鯛のみぞれ椀

| 材料 |

甘鯛
大根
大根の皮
酒
塩
葛粉

甘鯛とせん切り大根のお椀

｜材料｜

甘鯛
大根
大根の皮
酒
塩
ゆず皮

甘鯛のお椀二種

甘鯛のなかで、いちばんのごちそうはアラだと思います。アラにしっかり塩をして水分と臭みを出し切ると、ほかの白身魚にはない独特の旨みを持っただしがとれます。お椀に仕立てるときは、できるだけアラが噛んだ塩気だけで、だしの味を完成させるようにしています。

冬の海をイメージしたみぞれ椀は、葛を引いただしの中で大根おろしを焚きます。とろみが強すぎると、大根おろしの存在感が弱くなり、大根おろしの量が多いと重くなるので、加減がむずかしいところです。あくまでも吸い物なので、みぞれ煮にならないようにします。また、沸かしてしまうと分離するので、弱火で我慢強く、大根の甘みが出るのを待ちます。

せん切り大根のお椀は、沢煮椀のように甘鯛のだしで大根をさっと焚きます。シャキシャキ感を生かすため葛は引きません。真っ白な大根は、舌をあてるとにゅうめんのようになめらかで、包丁の切れ味がはっきりと出ます。

甘鯛のみぞれ椀

—作り方—

一

甘鯛は三枚におろす。アラに強塩をして1時

甘鯛とせん切り大根のお椀

—作り方—

一〜三　みぞれ椀と同じ手順。

間ほどおき、水分と臭みを出してから、塩を十分に洗い流す。風通しのよい日陰で半日ほど干す。

二
鍋にアラと水、酒、大根の皮を入れて中火にかけ、沸いたら火を弱める。アクを丁寧にとりながら、だしが澄むまで火にかける。

三
甘鯛の身にひと塩して40分～1時間おく。塩を洗い流し、湯通しして冷水にとり、うろこや血合いを取り除く。

四
大根は皮をむいておろし、水滴が落ちない程度にしっかりしぼる。

五
アラでとっただしを小鍋にとって温め、溶き葛で薄くとろみを付けたら、大根おろしを加え、甘みが出るまで弱火で静かに火を通す。

六
甘鯛の身を加え、静かに火を通す。お椀に甘鯛を盛り、だしを張る。

四
大根は長めの桂むきにして、繊維に沿って、そうめん状のせん切りにする。

五
アラでとっただしを小鍋にとって温め、甘鯛の身を加えて静かに火を通し、大根をさっと半生に焚く。

六
お椀の向こう側に甘鯛、手前に大根を盛り、ゆず皮をのせ、だしを張る。

鯛の潮汁

｜材料｜

鯛のアラ
大根
大根の皮
酒
塩
木の芽

鯛の潮汁

魚の中骨や頭などに塩をまぶして臭みを抜き、水と酒で焚いたものが潮汁です。

私はここに大根を加えます。大根がアラの臭みを吸収して、鯛の旨みを前面に押し出してくれるからです。ここでは薄い輪切りの大根を加えました。カマを蒸すときには、大根の皮を敷いています。器の中に大根の姿はありませんが、裏で二度も力を貸してもらったので、大根料理に加えさせてもらいました。

いいだしをとるためには、最初、アラにしっかり塩をまわすことが大切です。今回の鯛は2キロほどの大きさだったので、塩をして1時間20分おきました。鯛の身が透き通るタイミングも塩がまわった合図なので、目安にしています。

―作り方―

一
鯛のアラに強塩をして最低1時間おいたら、塩を洗い流し、湯通しして冷水に落とす。流水でうろこや血玉、汚れをきれいに取り除く。

二
バットに大根の皮を敷き、椀種にするカマの部分を置き、酒をふって蒸しあげる。

三
鍋に残りのアラと水、酒、大根の輪切りを入れて強火にかける。アクが沸いてきたら火を弱め、アクを丁寧にとって、だしが澄むまで火にかける。

四
お椀にカマを盛り、だしを張って、木の芽を天に盛る。

魚の臭みは水分と血にあるので、塩でしっかり引き出したあと、汚れをきれいに洗い流すことも大切です。掃除が不十分だと、大根が臭みを受け止めきれなくなります。きれいな味を作るには、余分なものを先に引く。日本料理の基本です。

| 材料 |

大根
ごぼう
金時人参
三つ葉
鶏むね肉
もち
吸い地
塩
ゆず皮

| 材料 |

大根
しいたけ
小松菜
金時人参
甘鯛の身
もち
昆布とかつおのだし
白味噌

雑煮二種

関西には雑煮用の細身の大根があります。雑煮大根と言います。アクや硬さがないので、米の研ぎ汁で下茹でする必要もなく、湯がきたてが特においしい。薄く皮をむいて、芯を温める程度であまりやわらかく焚きすぎず、みずみずしさを生かします。

ここでは入手しやすい、青首大根を使いました。冬は大根が甘い時期なので、研ぎ汁で下茹でするだけで十分ですが、丁寧にやるときは、だしで味を含ませます。

野菜はグラグラと沸騰させた湯で茹でると表面がずるけ、旨みが抜けるので、青菜は70℃くらい、根菜は80~85℃を基本に、たっぷりの湯で静かに茹でることをおすすめします。おか上げした野菜はいったん冷ますと、味が締まります。

雑煮　すまし

—作り方—

一　大根は輪切りにして皮をむき、面取りをして

雑煮　白味噌

—作り方—

一　大根は輪切りにして皮をむき、面取りをして

一
米の研ぎ汁で下茹でする。

二
ごぼうは流水で土と皮を洗い落とし、酢水（材料外）にしばらく浸けたあと、水から茹でる。グラグラ沸騰させないよう、沸いてから10分ほど静かに茹で、湯の中で冷ます。

三
金時人参は梅の花に切って、水から茹でる。80〜85℃で静かに湯がき、おか上げして、自然に冷ます。三つ葉はさっと湯がいて、おか上げし、冷めたら結ぶ。

四
鶏肉は塩で揉んだあと、塩を洗い落とす。

五
吸い地に鶏肉を入れてひと沸かししたら火を止めて、余熱で火を通す。

六
下準備した野菜を吸い地で温め直し、お椀に焼いたもち、野菜、鶏肉を盛り込んで吸い地を張る。香りにゆず皮を添える。

一
米の研ぎ汁で下茹でする。

二
しいたけは日陰で半干しにする。

三
小松菜は70℃くらいの湯で、梅の花に切った金時人参は水から茹で、80〜85℃で静かに湯がく。おか上げし、自然に冷ます。

四
甘鯛の身はひと塩して20分おき、流水で洗い流したあと、湯通しする。

五
昆布とかつおのだしを温めて白味噌を溶き、甘鯛、大根、しいたけ、小松菜、金時人参を入れて温める。

六
お椀に焼いたもちと温めた甘鯛、野菜を盛り込み、汁を張る。

基本の大根仕事２

下処理編

ほかの食材のお世話で一年中忙しい大根

大根は器の中には姿を見せなくても、裏で多くの料理を支える縁の下の力持ちでもあります。日本料理店の調理場に大根が一年中欠かせないのはそのためです。

裏方仕事でいちばん多いのは、大根おろしとその汁を使った魚介の下処理です。魚介は真水にさらすと味が抜け、バクテリアも繁殖しやすくなります。大根おろしとその汁を基本に、真水をあてる時間を極力減らすと、素材のよさが引き立ち、衛生面でも安心です。

冬はなまこや牡蠣を、春はトリ貝や赤貝、アワビなど貝類を洗うのに欠かせません。親方からは、塩や酒で洗うやり方を教わりましたが、貝をいじめているような気がして、私は大根おろしで洗います。こうすると身が活からず、やわらかくなるからです。

夏はぬめりの出やすい、ハモやウナギ、アナゴを洗うときに使います。バットに大根おろしの汁を用意し、しごきながら洗うと、すべらず、捌きやすくなります。

なまこは大根おろしで揉んで、
ぬめりや汚れを取り除きます。

基本の大根仕事2

下処理編

イカをおろすときは、さらしに大根おろしの汁を吸わせてしぼり、イカの表面をふきながら皮をむいていきます。こうするとイカの白さがさらに増します。春は剣先イカ、夏は赤イカ、白イカ、秋は槍イカ、冬はアオリイカと、ここでも一年を通して大根が必要です。

春の初めに出てくるイイダコは身が華奢で、手の熱が伝わるだけでいたんでしまうという繊細さ。これも大根おろしとその汁で汚れをまず吸いとって、さっと水で洗い流したら、火入れの段階でも大根に臭みをとってもらいます。イイダコの加熱は7分。短い時間で臭みを吸収してもらうため、大根は断面が増えるようにカットします。

はまぐりでだしをとるときは、酒と昆布のほかに大根のスライスも一緒に入れると、酔うくらい濃いだしがとれるのはご存知でしょうか。一度試してみてください。

大根おろしの汁は、筍の下ごしらえにも生かせます。京都から掘りたてが朝一番に届いたときは、皮をむいて割り、大根おろしの汁に浸けておきます。営業の1時間前に引き上げて昆布だしで焚くと、東京でこんなにみずみずしい筍が食べられるのかと驚かれます。

こうして大根の働きぶりを並べていくと、大根は自分のことより、ほかの食材のお世話に忙しい野菜であることが見えてきます。

木枯らしが吹く頃になると、そろそろ大根のおいしい季節が近づいてきたなと感じますが、実際のところ、大根に休みはありません。本書では、大根の裏方仕事にも光をあてたかったので、器の中に姿を残さない料理も一部、大根料理に数えてご紹介しました。

イイダコは大根おろしで洗ったあと、大根と焚いて
完全に臭みを吸いとってもらいます。

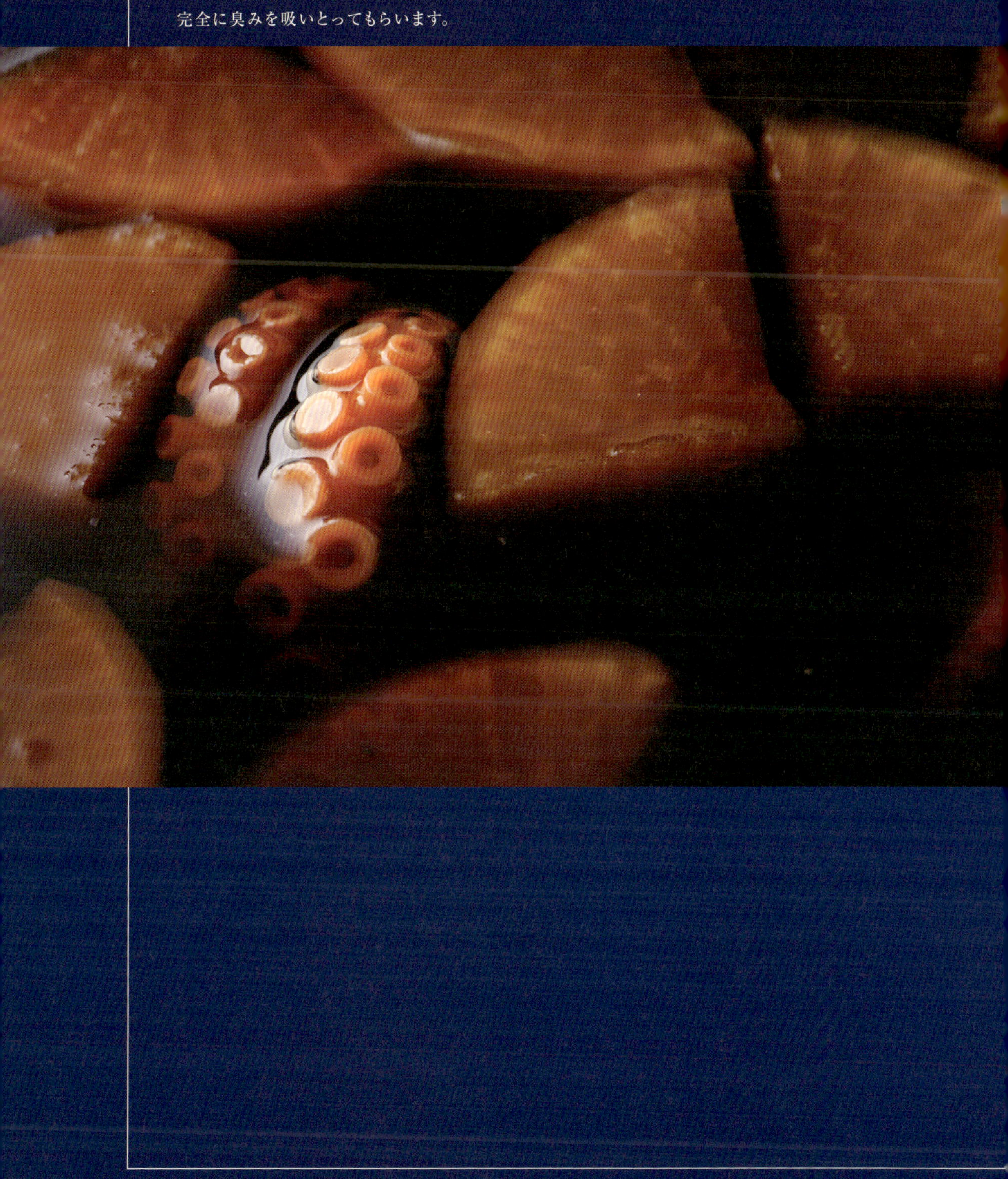

煮物、焚き合わせ

大根が主役、名脇役になる焚き方を、
干し大根にも広げてご紹介します。

大根の含め煮

丸くむいて白く焚く、大根のいちばんきれいな姿です。

冬の大根は甘みだけでなく白さも増します。この白さを生かして、薄い昆布だしと酒で昆布の色をなるべく付けないよう焚きあげます。短時間でコクが出る羅臼昆布を使いましたが、色の付きにくい利尻昆布もおすすめです。

含め煮は余熱でも味や食感が作られていくので、火にかけている間にすべてを完成させようとしないことも大事です。白さを残しながら、最短の火入れで大根の持ち味をどこまで引き上げられるか、料理人に必要な感覚を鍛えてくれる料理だと思います。

|作り方|

一
大根は厚さ2センチの輪切りにして皮をむき、面取りをして米の研ぎ汁で下茹でする。

二
鍋に羅臼昆布と水、酒、下茹でした大根を入れて、強めの中火にかける。沸く手前で火を弱め、静かに焚く。昆布は色が出る前に引き上げる。

三
火を止める5分前に塩で調味し、余熱で串がすーっと通るやわらかさに仕上げる。

|材料|

大根
羅臼昆布
酒
塩

ふろふき大根　玉味噌

| 材料 |

大根
大根だし
塩
玉味噌
　白味噌
　みりん
　酒
　卵黄

｜材料｜

大根
牛赤身挽き肉
田舎味噌
酒粕
みりん
粉山椒

ふろふき大根二種

ふろふき大根は、料理人の考え方がいちばんわかりやすく出る料理だと思います。

玉味噌のふろふき大根は、親方に教わったやり方で、ふだんは昆布だしで焚きますが、ここでは大根だしでやわらかく煮含めました。

肉味噌のほうは、修業時代、ある割烹の板前さんが作ってくれたふろふき大根です。私は板前仕事をしていて辞めたいと思ったことはあまりなかったのですが、怒られて暗い気持ちになると、なぜか足が向かう店でした。無口なおじいちゃん大将から、「何食べる？」と聞かれ、ふろふき大根を頼んだら、出てきたのがこれでした。

箸を入れると、芯まで火は入っているのに、かなり硬め。「どうして、硬いんですか？」とたずねると、「大根はやわらかく焚きすぎたらだめ。加減がむずかしい。仕事の仕方もそうや」と答えが返ってきて、気持ちが少し楽になったのを憶えています。

やわらかく焚けとうちの親方は言うけれど、この硬さをよしとする料理人もいる。どちらが正解ではないけれど、大根そのものを味わうなら、やわらかすぎない肉味噌のほうが、正解じゃないかなと、いまは思います。

ふろふき大根　玉味噌

—作り方—

一
大根は輪切りにして皮をむき、面取りをして米の研ぎ汁で下茹でする。

二
温めた大根だし（141ページ参照）に塩少量を加え、下茹でした大根を焚く。余熱も計算して、好みのやわらかさまで焚く。

三
鍋を火からおろしてそのまま冷ましたら、保存容器にだしごと移し、冷蔵庫で一晩味をなじませる。

四
玉味噌を作る。鍋に材料を合わせ、耳たぶくらいのやわらかさになるまで中火で手際よく練りあげる。

五
大根をだしと一緒に温めて器に盛り、玉味噌をのせる。

ふろふき大根　肉味噌

—作り方—

一
大根は厚めの輪切りにして皮をむき、面取りをして米の研ぎ汁で下茹でする。

二
田舎味噌に酒粕（やわらかいタイプ）とみりんを加えてのばし、中火にかけ、木べらを使って焦げつかないよう手早く練りあげる。

三
フッ素樹脂加工のフライパンで、油を引かずに牛赤身挽き肉をパラパラになるまで炒めたら、練りあげた味噌を加え、さっと炒めてなじませる。冷蔵庫で一晩休ませる。

四
下茹でした大根を蒸し器で温める。

五
大根を器に盛り、温めた肉味噌をのせる。仕上げに粉山椒をたっぷりかける。

聖護院大根の焚き合わせ

| 材料 |

聖護院大根
海老芋
ごぼう
菜花
しいたけ
昆布だし
酒
塩
淡口醤油
みりん

聖護院大根の焚き合わせ

聖護院大根には、蕪のような甘みがあります。特に中心に甘み、外側に香りと旨みがあるので、両方をバランスよく取り込めるよう切り分けます。甘みを逃さないためには、下茹でしすぎないことも大切です。

この焚き合わせは、最後に「大根がおいしかった」と言っていただけるよう、まわりの野菜にも気を配ります。なかでも海老芋は、やわらかく煮すぎると口や舌のまわりにまとわりついて、他の野菜のいいところがわかりづらくなるので、大根よりやわらかくならないよう、慎重に焚きあげます。

ごぼうは皮をとりすぎないよう洗い落とし、すぐ調理に入るなら酢水に浸ける必要はありません。酢水に浸ける場合は、長すぎると旨みが抜け、酢が中に入るので、10～30分を目安にします。

―作り方―

一
聖護院大根は縦に切り分け、皮をむき、面取りをして米の研ぎ汁で下茹でする。

二
昆布だしに下茹でした大根を入れて中火にかける。温まったら酒と塩で調味し、弱火に落として余熱も計算に入れて焚きあげる。

三
海老芋は皮をむいて、下茹でしてから、昆布だしで焚く。火を止める5分前に塩で調味し、淡口醤油で香り付けする。

四
ごぼうは下茹でしてから、昆布だしで焚く。火を止める5分前に塩、淡口醤油、みりんで調味する。

焚き合わせは、いちばん薄味で焚いた鍋で、すべての具材を温め直してから盛り付けるのが基本です。

五
しいたけは半日陰干しにする。ボウルに入れ、昆布だしと淡口醤油を沸かしたものをかけ、ラップでおおって蒸らす。

六
菜花は70℃くらいの湯で静かに茹でておか上げし、自然に冷ます。

七
大根を焚いた鍋ですべての具材を温め、器に盛る。

松館しぼり大根の含め煮

｜材料｜

松館しぼり大根
春菊
昆布だし
吸い地
酒
塩
ゆず皮

松館しぼり大根の含め煮

秋田の松館しぼり大根は、地元では煮焚きに使われないそうですが、そう聞いて、あえて挑戦してみたくなりました。

青首大根や聖護院大根に比べてかなり硬いので、長く焚いても、箸ですっと切れるほどやわらかくはなりません。食べやすいよう、盛り付け前に、さらにカットしました。味付けは他の含め煮と同じですが、大根が違うとここまで変わるのかというくらい、別物になります。こんなに動じない大根は久しぶりで、うれしくなりました。

春菊の水切りは、ぎゅっとしぼると苦みばかりが勝って、奥にある甘さが逃げてしまいます。自然に水分を切ったら、タオルで軽く押さえて余分な水気をふきあげてください。熱いうちに冷やした吸い地に浸ければ、だしの旨みを吸い上げてくれます。

―作り方―

一
松館しぼり大根は縦に4等分に切って皮をむき、面取りをして米の研ぎ汁で長めに下茹でする。

二
昆布だしに下茹でした大根を入れ、中火にかける。温まったら酒と塩で調味し、弱火で1時間ほど焚く。

三
春菊は沸点に近い温度でさっと湯がいて、おか上げし、余分な水気をふいて、熱いうちに冷やした吸い地に浸ける。

四
大根を食べやすい大きさに切って、春菊と共に器に盛り、大根を焚いた煮汁を張る。細切りにしたゆず皮を天に盛る。

ぶり大根

| 材料 |

大根
ぶり（アラと身）
塩
酒
淡口醤油
濃口醤油
みりん
針しょうが

ぶり大根

冬場、ぶりを使い始めると、カマなどのアラがいっぱい出ます。ぶり大根は店によっていろいろな作り方がありますが、私はアラで澄んだだしをたっぷりとって、その中で大根を焚いたあと、身を加えて調味していきます。

味付けの調味料は一度にたくさん入れると温度が下がり、なじみも悪いので、素材の様子をうかがいながら、2、3回に分けて加えると丁寧な味付けになります。特に醤油は、最初が「味付け」、次が「香り付け」、最後は「旨み付け」の意識で加え、大根の隅々まで味を均等に行き渡らせます。

ぶりのいいところだけを大根に吸わせるためには、大根をほどほどのやわらかさに焚きあげることが大事です。やわらかすぎると、嫌なところも全部引き受けてしまい、締まりのない味になってしまいます。

—作り方—

一
大根は輪切りにして皮をむき、面取りをして米の研ぎ汁で下茹でする。

二
ぶりのアラに強塩をして最低1時間おいたら、塩を洗い流し、湯通しして冷水に落とす。流水でうろこや血玉、汚れをきれいに取り除く。身はひと塩をあて、20分おいたら、湯通しして冷水にとり、うろこや汚れを取り除く。

三
鍋にアラと水、酒を入れて強火にかけ、アクが出始めたら火を弱め、アクを丁寧にとる。グラグラさせないよう85〜90℃を維持して、澄んだだしをとる。

四
だしを漉して、下茹でした大根を加え、10〜

しょうがは香りと口直しの役目があるので、一緒に焚くより、あとから添えたほうが香りもよく、全体をキリッと引き締めてくれます。

20分ほど焚く。

五
淡口醤油を加え、アクをとる。

六
淡口醤油を加え、ぶりの身を加える。

七
濃口醤油とみりんを加え、10分ほど焚いて味をのせる。

八
器に盛り、針しょうがを天に盛る。

塩ぶり大根

ぶりのアラにしっかり塩をまわして旨みを引き出し、アラが噛んだ塩気で焚きあげていくぶり大根です。

ぶりと塩が、切っても切れない関係にあることを知ったのは、石川県の能登の「巻ぶり」です。冬に塩漬けしたぶりを半年ほど干した保存食で、生ハムのように薄く切ったものを食べさせてもらったことがあります。塩鮭のようなしょっぱさを想像していたら、旨みの力強さに圧倒されました。

ここでも、塩で引き出したぶりの旨みを大根に吸ってもらうため、味を染みやすくする酒以外の調味料は加えませんでした。

―作り方―

一
大根は輪切りにして皮をむき、面取りをして米の研ぎ汁で下茹でする。

二
ぶりのアラに強塩をして最低1時間おいたら、塩を洗い流し、湯通しして冷水にとる。流水でうろこや血玉、汚れをきれいに取り除く。

三
鍋にアラと水、酒を入れて強火にかけ、アクが出始めたら火を弱め、アクを丁寧にとる。グラグラ沸騰させないよう85～90℃を維持して、澄んだだしをとる。

四
だしを漉してアラを戻し、下茹でした大根と酒を加え、20分ほど焚く。

| 材料 |

大根
ぶりのアラ
塩
酒
ゆず皮

五
器にぶりのアラと大根を盛り、だしを張る。
細切りにしたゆず皮を天に盛る。

鯛大根

松館しぼり大根の産地は秋田の内陸ですが、沿岸では鯛がよく獲れ、身近な大衆魚と聞いて、合わせてみることにしました。アラに噛んでいる血玉は特に臭みが強いので、きれいにとって、澄んだ味わいの鯛のだしで大根を焚いていきます。

身が詰まった辛味大根は、長時間焚いても、溶けるようなやわらかさにはならず、芋の親戚のようなほくほくした食感が楽しめます。長めに火を通すと、持ち味の辛みは消えますが、奥に抱えている甘みが感じられて、滋味深い一品になりました。

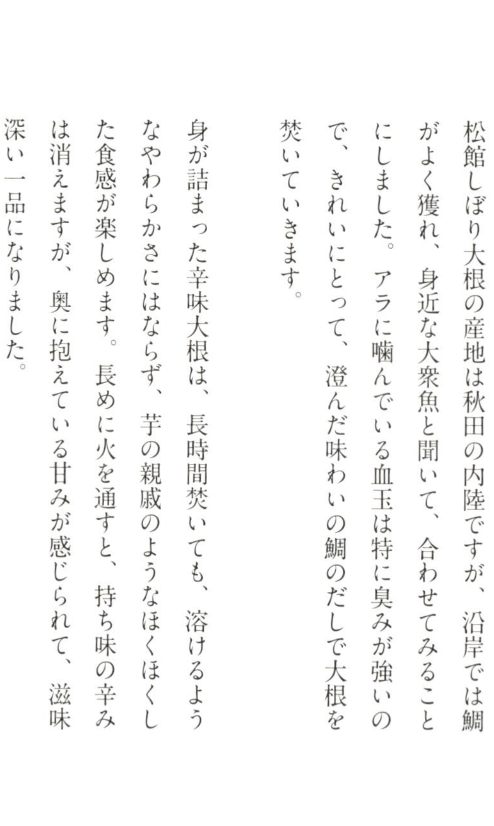

―作り方―

一
松館しぼり大根は縦に4等分して皮をむき、面取りをして米の研ぎ汁で長めに下茹でする。

二
鯛のアラに強塩をして最低1時間おいたら、塩を洗い流し、湯通しして冷水にとる。流水でうろこや血玉、汚れをきれいに取り除く。身はひと塩をあて、20分おいたら、湯通しして冷水にとり、うろこや血合いを取り除く。

三
鍋にアラと水、酒を入れて強火にかけ、アクが出始めたら火を弱め、アクを丁寧にとる。グラグラ沸騰させないよう85～90℃を維持して、澄んだだしをとる。

四
だしを漉して、下茹でした大根を入れ、20分

| 材料 |

松館しぼり大根
鯛（アラと身）
しめじ
芽蕪
針しょうが
昆布だし
吸い地
酒
塩
ゆず皮

ほど焚く。

五
鯛の身と針しょうがを加え、さっと焚く。

六
お椀に大根、鯛の身、しめじ、芽蕪を盛り、だしを張る。細切りにしたゆず皮を天に盛る。

＊しめじ
2～3時間陰干ししてからボウルに入れ、沸かした昆布だしをかける。ラップでおおい蒸らす。

＊芽蕪
氷水に浸けてシャキッとさせてから、55℃の湯で3分ほどゆっくり茹でる。おか上げして、団扇であおいで粗熱をとり、吸い地に浸ける。

豚バラ肉と大根の焚き合わせ

松館しぼり大根のおろしをたっぷり使って、塩漬けの豚バラ肉を焚いてみました。

塩漬け豚バラ肉は、いつもはおからで焚くのですが、大根おろしと焚いてみたところ、塩気とやわらかさがいい塩梅に落ち着き、肉の味がまったく逃げていないことに驚きました。

しぼり汁が主役という大根だけあって、期待はしていましたが、仕上がりは予想以上。硬い大根なので、大量におろすのは大変ですが、その甲斐がありました。

—作り方—

一
肉の下茹で用の大根は皮付きのままおろし、鍋に入れ、呼び水を加えて中火にかける。じわーっと水分が出たら、表面の塩を洗い落とした塩漬け豚バラ肉をかたまりのまま入れ、ひたひたになるまで水を足す。アルミホイルで落とし蓋をして約2時間焚く。

二
具材用の大根を縦に4等分して皮をむき、面取りをして米の研ぎ汁で下茹でする。

三
こんにゃくはタオルではさんであたり棒で叩いてほぐし、一口大に切る。

四
ちぢみほうれん草は70℃くらいの湯で静かに茹でておか上げし、余分な水気をふきあげて、

｜材料｜

松館しぼり大根
塩漬け豚バラ肉
こんにゃく
ちぢみほうれん草
吸い地
昆布だし
酒
塩
黒七味

熱いうちに冷やした吸い地に浸ける。

五
昆布だしを温め、塩と酒で調味し、下茹でした大根、約2センチ幅に切った豚バラ肉、こんにゃくを入れて40分ほど焚く。

六
大根を食べやすい大きさに切り、他の具材と共に器に盛り、だしを張る。仕上げに黒七味をふる。

*塩漬け豚バラ肉
かたまりの豚バラ肉に塩をまぶし、さらしやラップで乾かないようにして、途中水分をふきとりながら、冷蔵庫で数日締める。

富山豚と大根の焚き合わせ

日本料理で肉料理を出すと、香りのインパクトが強くなりやすいので、大根と合わせて、やわらげてもらうことがよくあります。これもそんな一品です。角煮のようなこってりとした後味を避けるため、脂の融点が低い富山の放牧豚を使いました。

豚バラ肉は、おからで塩抜きしながらやわらかく焚いたあと、日本酒でもう一度焚きます。こうすると、あとから加える調味料の味が染み込みやすくなります。

それぞれの旨さを主張してもらうため、大根と豚は別々に調理しますが、食べる間は友好関係を築いてほしいので、仕上げに溶き葛で間をつなぎました。

—作り方—

一
大根は輪切りにして皮をむき、面取りをして米の研ぎ汁で下茹でしたあと、塩を少量加えた大根だし（141ページ参照）で煮含める。

二
塩漬け豚バラ肉は流水で表面の塩を洗い流し、適当な大きさに切る。

三
大きめの鍋におからと水を合わせて中火にかけ、沸き始めたら、塩漬け豚バラ肉を加え、竹串がすっと通るまで静かに湯がく。火を止め、常温になるまでそのまま放置する。

四
豚バラ肉の水気をふきとり、フライパンできつね色に焼き目を付ける。

| 材料 |

大根
塩漬け豚バラ肉
小松菜
大根だし
日本酒
みりん
淡口醤油
葛粉
塩
黒七味
おから

五
鍋に豚バラ肉とたっぷりの日本酒を入れて火にかけ、ふつふつと沸く程度の火加減でアルコールを飛ばしながら、箸で割けるくらいまでやわらかく焚く。

六
みりんと淡口醤油を加え、10分ほど焚く。

七
小松菜は70℃くらいの湯で茹でておか上げし、自然に冷まして食べやすい長さに切る。

八
大根だしと大根の鍋に、豚バラ肉と小松菜を加えて温め、器に盛る。だしを溶き葛で薄あんに仕立て、上からかける。黒七味をふる。

＊塩漬け豚バラ肉
作り方は111ページ参照。

ゆず酒鍋

| 材料 |

大根
白菜
塩漬け豚バラ肉
ゆず
酒
塩水
おから

ゆず酒鍋

ふつうの大根でもよいのですが、この鍋には1カ月ほど貯蔵した、熟れた大根もおすすめです。表面がヒビ割れたようになり、身が詰まって甘みも強く、たいへんおいしい大根です。私は農家さんに貯蔵をお願いしています。

大根を薄く切るときは、力任せに包丁を動かすのではなく、刃渡りを大きく使い、力まないことが大事です。慣れてくれば、舌に心地よくあたるよう、断面をなめらかに切ることはむずかしくありません。

切った大根は薄く断面も広いので、鍋が温まったら5分で火は通ります。大根と白菜の甘み、塩蔵した豚の塩気だけでは少し単調なので、ゆずの酸味と香りに助けてもらいました。酒以外に調味料を加える必要はなく、だしもぽん酢も不要です。

―作り方―

一
大根は長めのものを用意し、上下を落として30センチにする。皮はピーラーか、包丁でねじりむきにする。

二
大根が安定するよう一面を平らにカットして、頭を上にして縦に固定する。右上から包丁を入れて手前に引き、長方形のスライスを切り出す。塩水に一晩浸ける。

三
白菜は一枚ずつはがして、塩水に一晩浸ける。

四
塩漬け豚バラ肉は、流水で表面の塩を洗い流す。大きめの鍋におからと水を合わせて中火にかけ、沸き始めたら、塩漬け豚バラ肉をかたまりのまま加え、竹串がすっと通るまで静

かに湯がく。火を止め、常温になるまでそのまま放置する。

五
スライスした大根は適当な長さと幅に揃えて切り、二つ折りにする。食べやすく切った白菜と半々にして、土鍋の外側から放射状に並べ、内側にスライスした豚バラ肉を同様に並べる。

六
ゆずの下半分に縦に切り目を数カ所入れ、鍋の中心に置く。酒をひたひたに加え、蓋をして火にかける。

＊塩漬け豚バラ肉
作り方は111ページ参照。

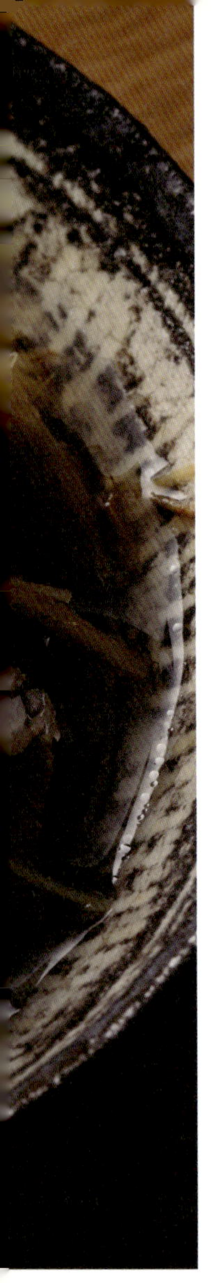

大根と若狭牛の南蛮煮

赤身の牛肉を使うことで、どこから箸をつけても、食べ心地はすっきり。コースの締め近くに出すことが多いのですが、お腹がいっぱいというお客様でも、みなさんあっという間に食べてしまいます。

下茹でした大根は大根だしで焚きましたが、昆布とかつおのだしでも構いません。仕込んでおいた大根は、冷蔵庫から出して常温に戻しておき、温度差をなるべく少なくして、だしに加えるようにします。

大根がすでにだしを含んでいるので、短時間で味に一体感が生まれます。これにもちを入れて雑煮のように仕立てても、喜ばれます。

―作り方―

一
大根は輪切りにして皮をむき、米の研ぎ汁で下茹でしたあと、塩を少量加えた大根だし（141ページ参照）で焚いて、一晩休ませる。

二
白菜はばらして、75℃で5分茹でる。冷水にとり、しっかり冷えたらすぐ引き上げ、水気をふきとる。食べやすい大きさに切る。

三
せり（根付き）は沸騰寸前の湯で、根を2分湯がいたあと、葉と茎を湯に放って、1分湯がく。おか上げし、団扇であおいで粗熱をとる。根と葉に切り分け、食べやすい長さに切る。

四
昆布とかつおのだしを温め、粗みじんに切った白ねぎをさっと焚いたところに大根、白菜、

せりを加え温める。

五
大根の芯が温まったら牛肉を加えて火を通し、具を器に盛り込む。だしを温め直し、熱々を張る。

| 材料 |

大根
牛赤身肉の薄切り
白菜
せり
白ねぎ
大根だし
昆布とかつおのだし
塩

鶏大根

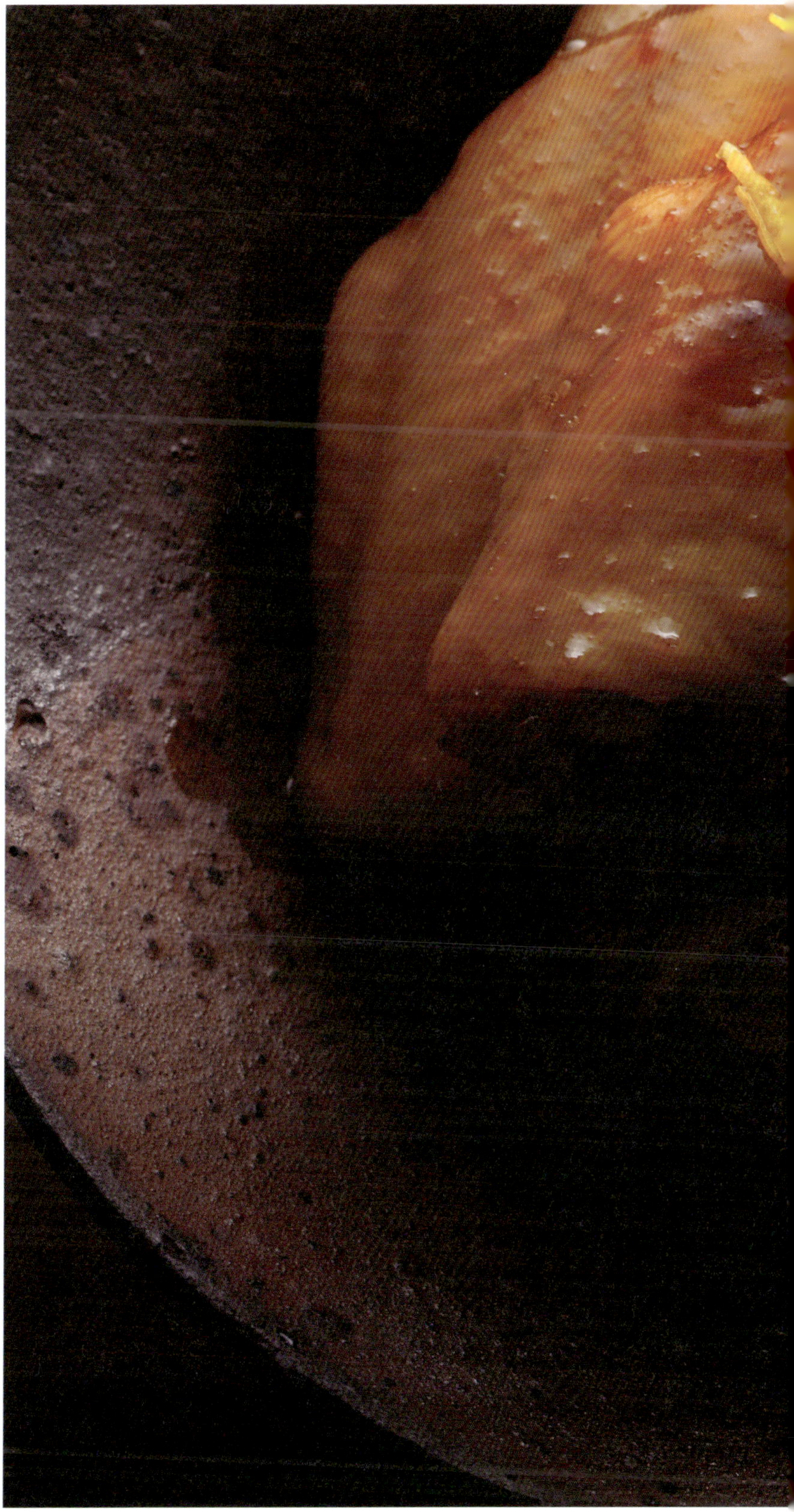

| 材料 |

大根
鶏手羽先
塩
酒
濃口醤油
みりん
はちみつ
しょうが
ゆず皮

鶏大根

大根に「鶏の言いなりになっておけ」と我慢してもらうのがこの料理。ひたひたの水分で手羽先に火を入れて、鶏の旨みを凝縮させ、大根にその旨みを吸えるだけ吸ってもらいます。

強火で一気に焚きあげるのは、一度温度が下がると、はちみつやみりんの照りが弱くなるからです。最初に揉み込んだ塩と、仕上げのはちみつの保湿効果で、強火で焚いても手羽先はパサパサになりません。

しょうがは、火を止める直前に加えるだけで、味に輪郭を作り、全体を引き締めてくれます。色はこってりとしていますが、それぞれに施した下処理の効果で、後味は澄んでいます。鶏肉は毛穴がいっぱいあるものを選ぶようにしています。

―作り方―

一
大根は輪切りにして皮をむき、面取りをして米の研ぎ汁で下茹でする。

二
手羽先を塩で揉み込み、水で洗い流して、霜降りにする。

三
鍋に手羽先、水と酒をひたひたに加えて強火にかける。ひと沸かししてアクをとったら、下茹でした大根を加える。

四
大根が温まったら濃口醤油、みりんを加え、強火のまま煮続ける。

五
仕上げ近くになったら、はちみつを加え照り

を出す。

六
薄切りのしょうがを加え、ひと呼吸おいて火を止める。

七
器に盛り、細切りにしたゆず皮を天に盛る。

煮おろし

鴨肉は揚げると硬くなりやすいので、あまり煮おろしにはしませんが、表面の片栗粉を固める程度にさっと揚げ、焚く時間を短めにすれば、大根おろしの効果も手伝って、しっとりと仕上がります。

松館しぼり大根は、水切りの必要はありませんが、調味料の塩分で水分があとから出てくるので、水っぽくならないよう、しっかり焚いて甘みを引き出していきます。青首大根で作る場合は、軽く水切りしてください。

冬至かぼちゃとほうれん草も冬がいちばん甘いので、野菜の甘みを軸にまとめたい料理です。

―作り方―

一
大根は皮付きのままおろす。

二
一晩水で戻した車麩は、プリッと感が出るよう、しっかり沸騰させた湯の中で湯がく。

三
かぼちゃは一口大に切り、淡口醤油と酒で蒸し煮にする。

四
ほうれん草は70℃くらいで湯がいておか上げし、自然に冷ます。食べやすい長さに切る。

五
鴨むね肉は8ミリの厚さにスライスし、薄く塩をふり、片栗粉をはたいて、180℃の油でさっと揚げる。

六
昆布とかつおのだしを温め、酒、みりん、淡口醤油、塩で味を調え、大根おろしを加えてふつふつと焚く。車麩、かぼちゃ、ほうれん草を加えて温め、最後に揚げた鴨肉をさっとくぐらせる。

七
具材を器に盛り付け、鴨肉の上に蓋をするように煮おろしをたっぷりのせる。木の芽を天に盛る。

| 材料 |

松館しぼり大根
鴨むね肉
冬至かぼちゃ
ほうれん草
車麩
昆布とかつおのだし
酒
みりん
淡口醤油
塩
片栗粉
揚げ油
木の芽

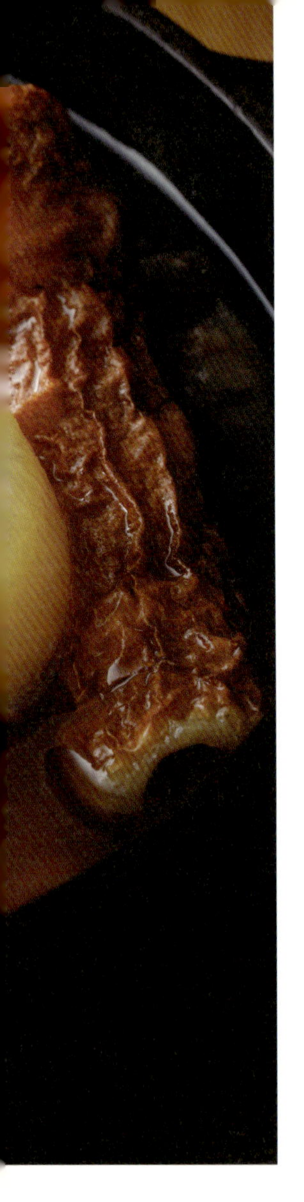

おでん

ふだんは脇役の大根も、おでんのなかでは、主役の練り物に次いで、準主役と言っていいでしょう。大根が入るとだしの味がまとまりやすく、味の調整役にもなってくれます。

おでんは、最初からすべての調味料を加えると、焚いている間にどんどん煮詰まって、味が濃くなってしまいます。先にだしと酒の甘みで焚き、味が染みやすい状態を作ってから、塩や醤油などの塩味（えんみ）を加えると味の調整がしやすくなります。

大根はみんなの味を吸う旨みの請負人なので、主張しすぎないよう、厚みはほどほどに。何でも吸わせてしまうと、大根がストレス太りするので、練り物の油抜きなど、まわりの役者を品よくしてから加えることも大切です。また、大根の焚きすぎは、だしをいためてしまうことも覚えておいてください。

豆腐系の具は口直しの役目があります。厚揚げは仕上げに加え、他の味を吸わせないようにするのも、おでんを単調にしないちょっとしたコツです。

―作り方―

一
大根は輪切りにして、皮をむいて面取りし、米の研ぎ汁で下茹でする。

| 材料 |

大根
牛すね肉
練り物
こんにゃく
れんこん
厚揚げ
酒
塩
淡口醤油

二
牛すね肉は湯通しし、流水で汚れをきれいに洗い落とす。

三
牛すね肉がしっかり浸かるよう水と酒を加えて火にかけ、やわらかくなったら、下茹でした大根とれんこん、こんにゃくを加える。

四
だしが澄んできたら、熱湯で油抜きした練り物を加える。

五
具材がふっくらとしてきたら、塩と淡口醤油で調味し、仕上げに厚揚げを加えて温める。

蛇腹大根の葛引き

蛇腹大根は熊本の阿蘇地方の干し大根です。

干し大根には、陽に干した大根特有のにおいがあるので、塩を加えた酢でもみ洗いして取り除きます。水気もしっかりふきとるようにしてください。張りのある食感がとてもいい感じの干し大根だったので、火入れは最短におさえました。

だしをたっぷり吸ってくれる湯葉と絡ませて、干し大根にだしの旨みを寄り添わせましたが、葛引きにすると、さらに一体感が増すのでおすすめです。

—作り方—

一
蛇腹大根は1時間水に浸けて戻したら、塩を加えた穀物酢で手早く揉み洗いをして、塩気を水で洗い流す。水気をしっかりふきとり、食べやすい長さに切る。

二
昆布とかつおのだしを沸かし、蛇腹大根を加え、ひと沸かししたら火を止め、余熱で火を入れる（歯ごたえがなくならないよう、火の入れすぎには注意）。一晩冷蔵庫で休ませる。

三
引き上げ湯葉は水で戻して、一口大に切る。

四
ほうれん草は70℃くらいで湯がいておか上げし、自然に冷ます。食べやすい長さに切る。

| 材料 |

蛇腹大根
引き上げ湯葉（乾燥）
ほうれん草
昆布とかつおのだし
淡口醤油
みりん
塩
穀物酢
葛粉

五
昆布とかつおのだしを温め、淡口醤油とみりんで調味し、汁気をしぼった蛇腹大根、引き上げ湯葉、ほうれん草を加えてひと沸かしし、溶き葛で薄あんに仕立てる。

秋田干し大根の煮物

秋田の寒干し大根を使った煮物です。凍結と解凍を繰り返して、繊維だけになった寒干し大根は、煮汁をたっぷり吸ってくれます。

今回は鶏肉にも一晩だけ、外で寒干しを経験してもらい、旨みを高めたところで、つゆだく系の煮物に仕立てました。だしに短時間でコクを出すため、鶏肉は焼いてから加えています。

食べやすさを優先して骨なしの鶏肉を使いましたが、骨付きであれば干さずに、フライパンで焼いてから、戻し汁と一緒に焚き始めてください。

―作り方―

一
水で戻した寒干し大根を、戻し汁と共に鍋に入れ、昆布、酒を加えて、中火～弱火で煮る。

二
鶏もも肉（冷たい外気で一晩風干ししたもの）は、食べやすい大きさに切り、フッ素樹脂加工のフライパンで、油を引かずに表面を焼く。

三
干し大根がやわらかくなったら鶏もも肉を加え、濃口醤油で味を調える。

四
器に煮汁と共に盛り、茹でたきぬさやとゆず皮で彩りを添える。

| 材料 |

寒干し大根
鶏もも肉
昆布
酒
濃口醤油
きぬさや
ゆず皮

基本の大根仕事3

火入れ編

米の研ぎ汁が
白さと味の
土台を作る

研ぎ汁で下茹ですると、あとの調味が楽になります。

白いものは白く。修業時代、親方がよくおっしゃる言葉でした。そのための技法のひとつに、大根を米の研ぎ汁で下茹でする方法があります。

大根は甘みだけでなく、辛みや苦みをあわせ持っています。品種や個体による差はあっても、基本はこの3つのバランスをどうとるかで味の印象が決まります。

下茹ででは、白さを引き立てると同時に、大根から余分な辛みや苦みなどのアクを抜きます。ここでうまく引き算ができると、味をのせる土台が整い、あとの調味が楽になります。

以下は下茹での手順です。

米をしっかり研いだ研ぎ汁を鍋にたっぷり用意し、大根を入れたら中火にかけます。強火で始めないのは、急激に温度を上げると外側にばかり火が入り、ムラのある焚きあがりになるからです。また、強火でグラグラ沸騰させてしまうと、茹ですぎや身やせの原因にもなります。中火以下で、ふつふつと静かに火を入れていきます。

下茹での段階では、串を刺して少し抵抗を感じるところで火を止め、余熱も計算に入れて焚きあげます。あとに控えている調理の加熱時間も考慮して、茹で時間はそのつど調整します。大根は火が入るとだんだん透明感が出てきます。串を刺さなくても、大根の表情や香りで火を止めるタイミングがつかめるようになれたら一人前です。

火入れ編

下茹でした大根の扱い方と保存方法

大根は冷めるときに味が入っていくので、下茹でした大根を研ぎ汁の中で完全に冷めるまでおいておくと、アクや苦みの出た茹で汁が大根に戻ってしまいます。

茹で汁の粗熱がとれたら、大根が温かいうちに取り出し、流水で洗い流して冷ますようにします。そのあとは水に浸けて保存することをおすすめします。

うっかり研ぎ汁の中で大根を冷ましてしまった場合は、調理を再開する前に、新しい水と一緒に火にかけ、大根が吸ったアクや苦みを吐き出させます。水が白く濁れば、吐き出しが終わった合図です。

店では下茹でした大根を、そのままの流れでだしで煮含め、完成手前まで仕込んでおくこともよくあります。茹で汁の粗熱がとれたら、大根が冷えないよう、表面の研ぎ汁をさっと流水で洗い流し、温めただしに入れて煮含めていきます。だしの温度は、大根が直前までいた研ぎ汁と同じくらいにすると、ストレスなくだしを吸って、きれいに炊きあがります。これがあると営業中、ふろふき大根や焚き合わせ、短時間に味をまとめたい料理にとても重宝します。

どちらも、仕込んでおくと便利ですが、あまり長い期間の保存は大根の旨みが抜け、水臭くなるので、1、2日が目安です。

研ぎ汁で下茹でした大根と
だしを含ませた大根。
どちらも水臭くなる前に使いきります。

基本の大根仕事3

火入れ編

大根とだしの
温度を近づけ、
シワを防ぐ

たっぷりのだしで焚くことも
シワの防止になります。

大根は焚くと、水分を含んでふっくらとしてきますが、ときどき、焚いている途中で断面が沈んだようになり、シワが寄ってしまうという相談を受けることがあります。

これは大根とだしの温度差が原因として考えられます。仕込んでおいた大根を冷蔵庫から出してすぐ、温めただしに入れて焚くと、急激な温度差によって、シワが寄りやすくなるのです。

シワを防ぐには、下茹でした大根とだしの温度差を少なくしてから、調理を再開することをおすすめします。

たとえば、常温のだしで焚き始めるときは、下茹でした大根は完全に冷ましてから加えます。仕込んで冷蔵しておいた大根の場合は、常温に戻してから加えると安心です。

温めただしで焚き始めるときは、下茹でしたばかりの大根なら、表面を流水でさっと洗い流して加えます。仕込んで冷蔵しておいた大根の場合は、別鍋で温めてから合わせます。

厨房ではさまざまなケースがあるため、各料理の手順では、下茹でした大根とだしの温度については逐一触れていませんが、常に大根とだしの温度差は少なくして、調理を再開していると考えてください。

基本の大根仕事3

料理人こそ「大根だし」という選択肢を持つ

切れ端や皮が大量に出たときに、大根だしを引きます。

最近の大根は、アクや苦みが昔より少なくスマートになった反面、含め煮を作ると、すっきりしすぎていると感じることが増えてきました。もう少し大根の風味を高めたいと思ったとき、思いついたのが「大根だし」でした。

材料には、大根の皮や整形するときに出る切れ端を使います。特に大根の皮は厚くて、大量に出るので、まかないで追いつかないときは、大根だしにまわします。

皮が持っている力強い味と香りを、大根だしを通して大根本体に戻すのですが、嫌なアクや雑味を一緒に戻しては逆効果になります。大根は半日ほど干し、昆布と酒と一緒に焚いて、きれいな風味を引き出すようにします。

わざわざのひと手間ではありますが、大根を主役にした料理に、大根だしという選択肢を持つのは、料理屋ならではの贅沢ではないでしょうか。

—大根だしの材料—

大根の皮と切れ端、昆布、酒

—作り方—

一
大根の皮と切れ端を半日干す。

二
昆布を1時間〜半日水に浸ける。

三
昆布水に干した大根の皮と切れ端、酒を加えて火にかけ、沸騰する手前（85℃）まで上げたら、弱火に落とし15〜20分火にかける。

蒸し物

出番は決して多くありませんが、主素材の味を引き立てる
大根の生かし方を、冬の蒸し物で見ていきましょう。

しぼり蒸し

蕪蒸しを秋田の辛味大根、松館しぼり大根で作ってみました。おろしているときには水分がほとんど出ない大根ですが、しぼるとたっぷり水分が出ます。この料理では軽くしぼる程度にとどめ、しぼり汁のほうは、葛あんの香りづけに使いました。

驚いたのは大根が蕪より甘かったことです。味は力強く、甘みと辛みに加えて、わずかな苦みもあり、やさしい蕪蒸しとは対照的な複雑さが気に入っています。お好みでわさびを添えてもよいと思います。ちょっと通向きの味わいで、日本酒が自然に恋しくなる蒸し物です。

―作り方―

一
甘鯛の身に塩をしっかりめにあて、40分〜1時間おく。酒で塩を洗い落とし、風通しのいい場所で半日陰干しする。

二
大根は皮付きのままおろし、さらしで包んで軽くしぼる。しぼり汁はとっておく。

三
大根おろしにコシを切った卵白、少量の塩を加えて混ぜ、細切りにしたきくらげ、刻んだ三つ葉を加えて混ぜる。

四
昆布の上に甘鯛をのせ、蒸し器で7分蒸す。このとき、百合根も一緒に蒸す。

| 材料 |

松館しぼり大根
甘鯛の身
百合根
卵白
きくらげ
三つ葉
昆布
酒
塩
吸い地
葛粉
銀杏

五
深めの器に蒸しあげた甘鯛と百合根を入れ、具を混ぜた大根おろしをのせる。蒸し器に入れ、上にさらしをかけ、鍋の蓋をずらして蒸気を逃しながら20分蒸す。

六
温めた吸い地に大根のしぼり汁を加え、溶き葛で薄あんに仕立てて仕上げにかける。半分に切った銀杏をのせる。

＊銀杏
殻を外して甘皮をむき、鍋に5ミリほど酒を入れて沸かした中で1〜2分炒り煮にする。火を止めたら、すぐに酒を切って冷ます。

からすみ大根の茶碗蒸し

からすみ大根の温かいバージョンです。茶碗蒸しを台にして、大根おろしとからすみをのせて蒸し上げました。酒肴に近いので、通常の茶碗蒸しよりひと回り小さい器でお出しします。日本酒に合う珍味はひんやりするものが多いなか、温かい仕立ては新鮮に映るのではないでしょうか。

熱を加えるとからすみからは、とろみと塩味が出て、大根おろしと茶碗蒸しのだしの旨みを引き立ててくれます。塩分の強い珍味は、だしや野菜の甘みと重ね、濃い旨みに変えてから日本酒に合わせると、互いの持ち味がより生きてくると思います。

―作り方―

一
卵を溶いて、昆布とかつおのだし、淡口醤油で香り付けする。器に入れ、蒸し器で蒸す。

二
提供直前に、茶碗蒸しにからすみを一切れのせ、大根おろしでおおい、刻んだゆず皮をのせて蒸し器で温める。

＊からすみ
作り方は52ページ参照。

| 材料 |

大根おろし
からすみ
卵
昆布とかつおのだし
淡口醤油
ゆず皮

甘鯛の酒蒸し

｜材料｜

甘鯛（頭とアラ）
大根の皮
昆布
酒
塩

甘鯛の酒蒸し

器の中に大根の姿はありませんが、アラでだしをとるときと、頭を蒸すときの二度、大根の皮に臭みを引き受けてもらっているので、大根料理に加えました。皮は生のままでも、干したものでもどちらでも構いません。今回は1キロの甘鯛を使ったので、頭は17分ほど蒸しました。

甘鯛は水分が多く、足のはやい魚ですが、塩をしっかりあてて水分を上手に逃がすと、ものすごく味が化ける魚でもあります。

この20年で、流通環境がいちばん大きく変わった魚は甘鯛かもしれません。刺し身でもいける鮮度のよいものがたくさん使えるようになりました。「アラには強塩」と習慣でやっていたことも、鮮度のよい甘鯛には逆効果になるので、控えめにすることも増えています。大根の皮に臭みを引き受けてもらうことも、これからは減ってい

—作り方—

一
甘鯛の頭とアラに強塩をして1時間ほどおき、水分と臭みを出してから、塩を流水で十分に洗い流す。風通しのよい日陰で半日ほど干す。

二
鍋にアラと水、酒、大根の皮を入れ、アクをとりながら、だしが澄むまで火にかける。

三
蒸し器に昆布、大根の皮、甘鯛の頭の順に重ね、大根の皮でおおって蒸す。

四
器に甘鯛の頭を盛り、アラでとっただしを薄く張る。

くのかもしれません。

揚げ物、焼き物

水分をたっぷり含んだ大根を油と組み合わせて
調理するときには、ちょっとしたコツが必要です。

大根のかき揚げ

| 材料 |

松館しぼり大根
しいたけ
百合根
三つ葉
米粉
サラダ油

大根のかき揚げ

青首大根は相当水分をしぼらないと、かき揚げにはむずかしいので、水分の少ない身の詰まった辛味大根か源助大根で作ります。

合わせる具に決まりはなく、ここでは旨みのあるしいたけと、食感と甘みを補う百合根を合わせています。魚介ならエビやホタテもいいでしょう。主役の大根を食いそうな、香りの強いごぼうやたまねぎは控えました。

揚げる前の見た目はポテトサラダのようで、実際、食べたときの食感は芋のよう。表面をカリッと揚げると、大根おろしのやわらかさが引き立ちます。塩だけで食べても、またおろししょうがを添えて、だし醤油で食べるのもおすすめです。

大根おろしのかき揚げは青森の料理屋で知りました。銀

—作り方—

一
大根は皮付きのままおろし、さらしで包み、全体にゆっくり圧をかけて水分をしぼる。

二
しいたけは薄切り、百合根は小さくほぐし、三つ葉の軸は3センチに切る。

三
少量の米粉を大根の汁で軽く溶く。

四
ボウルにすべての具材と米粉の生地を合わせ、さっくりと混ぜ合わせる。

五
食べやすい大きさにまとめ、まわりがカリッとするまでサラダ油で揚げる。

杏やイカが入っているのはわかったのですが、メインの食材がわからず、大根と教えられたときは、それまでの酔いが一瞬で冷めました。家庭ではちくわを入れたり、そば屋には大根おろしのかき揚げそばもあるそうです。

揚げ出し豆腐

揚げ出し豆腐は、厚揚げを作りすぎた豆腐屋さんが、大根おろしを付けて売ったのが始まりと、豆腐屋の女将さんに聞いたことがあります。でも、温かいだしをかけるところまでは考えなかったそうで、そこは料理屋のアイデアだったようです。

大根おろしは、大根を主張させたい場合は粗めのほうで、豆腐を立てたいときは細かいほうでおろすとよいでしょう。青首大根は水分が多いのでしっかり水分をしぼってほしいのですが、しぼりすぎても雑味ばかりが残ってしまいます。何でもそうですが、やりすぎは注意です。

―作り方―

一
大根は目の粗いおろし金でおろし、さらしで包んで全体にゆっくり圧をかけて水分をしっかりしぼる。

二
水切りをした豆腐を丸型で抜き、片栗粉をまぶしてサラダ油で揚げる。

三
昆布とかつおのだしを沸かし、淡口醤油と酒で味を調える。

四
器に揚げた豆腐を入れ、ゴルフボール大に丸めた大根おろしをのせる。

五
おろししょうが、細切りのわけぎとみょうがを添え、だしを張る。

| 材料 |

大根	片栗粉
木綿豆腐	サラダ油
昆布とかつおのだし	しょうが
淡口醤油	わけぎ
酒	みょうが

大根もち

大根もちには小麦粉や片栗粉を加えるのが一般的ですが、そうしたつなぎを加えずに作っています。貝柱の戻し汁が入るので、大根おろしの水分はしっかりめにしぼりますが、バサバサにならないよう、全体にゆっくり圧をかけ、ぽってりとした質感になったところでしぼるのを止めるのが目安です。

焼くときは、高めの油で表面をカリッと焼き固めてから、じっくり中に火を通すこと。大根おろしがふっくらとした食感に仕上がります。粉が入らないぶん、食べ心地は軽やかです。

|作り方|

一
大根は目の細かいおろし金でおろし、さらしで包んで全体にゆっくり圧をかけて水分をしぼる。

二
酒で戻した干し貝柱とその戻し汁を大根おろしと合わせ、円形に整え、表面に大葉を貼る。

三
フライパンに多めのごま油を熱し、揚げ焼きにする。

|材料|

大根
干し貝柱
酒
大葉
ごま油

お食事、香の物

大根が七変化ぶりを発揮するのは、
お米がそばにあるときです。

大根としらすの混ぜごはん

蒸らしの余熱を使って、大根を半生状態にした混ぜごはんです。軽やかにお食事を締めていただけるよう、歯ごたえのいい大根をごはんの間にすべり込ませました。

大根は塩揉みをして余分な水分を抜いておくと、水っぽくならず、火の通りもスムーズです。しらすは温かいごはんに混ぜると生臭さが出やすいので、大根や大葉、ごまなどの香りでおさえます。

炊き込みごはんを締めに出す料理屋が増えてから、混ぜごはんを出す店は減ってしまったように思います。白いごはんに別の味を染み込ませるのはもったいないと感じるほうなので、私はいまも白米か混ぜごはん派です。

|作り方|

一
大根はいちょう切りにして、塩で揉む。大葉は細切りにする。

二
ごはんが炊きあがったらすぐ、塩揉みした大根、しらす、塩昆布、大葉、白ごまを加えてしばらく蒸らす。

三
蒸らし終えたら、しゃもじで全体を混ぜる。

|材料|

大根
しらす
塩昆布
大葉
白ごま
米
塩

大根粥

大根粥は、米の粘りが出ると大根のよさがわかりづらくなるので、何回か茹でこぼして、さらっと仕上げます。香りの強いせりを間にはさみながら食べると、大根と米のやさしい甘みが引き立ち、ほっとする味になります。

せりは高い温度で湯がくと香りが飛んで、苦みばかりになり、食感も損なうので、沸騰直前まで温度を上げたあとは、グラグラ沸かし続けないよう静かに湯がきます。

今回はせりを別に茹でて、あとのせにしましたが、せりが身近に採れる地域では、仕上げに生を刻んで加えてもよいと思います。

―作り方―

一
大根は皮をむいて1センチ角に切り、米の研ぎ汁で下茹でする。

二
米を水洗いし、3回茹でこぼす。4回目に下茹でした大根を入れ、約7分静かに炊く。

三
せり（根付き）は沸騰寸前まで湯の温度を上げ、根を2分湯がいたあと、葉と茎を湯に放って、1分湯がく。おか上げし、団扇であおいで粗熱をとる。冷めたら葉と根に切り分け、葉と茎は刻む。

四
お粥を器に盛ってせりをのせ、塩をひとつまみ添える。

| 材料 |

大根
米
せり
塩

味噌汁

味噌汁は大根の湯がき汁に味噌を溶いたのが始まり、と親方から教わったことを思い出します。諸説あるとは思いますが、味噌汁に大根が入ると安定感が増すのは確かです。

切り方を自在に変えて楽しめるところも、大根のよさです。ここでは、やや太めの拍子木切りにした大根をたっぷり入れ、煮物と汁物の中間のような味噌汁に仕立てました。これにごはんと香の物があれば、立派な食事になります。

かつては貧しさの象徴のように言われたものほど、健康的な食事として見直される時代になりました。大根の味噌汁もそのひとつだと思います。

―作り方―

一
鍋に昆布、煮干し、皮をむいて拍子木切りにした大根、水を入れて火にかける。

二
沸いたら火を弱め、大根に火が入るまで煮る。

三
小松菜は70℃くらいで湯がいておか上げし、自然に冷ます。食べやすい長さに切る。

四
昆布と煮干しを取り出して味噌を溶き入れ、小松菜を加えて温める。

| 材料 |

大根
小松菜
昆布
煮干し
味噌

せりと大根のそば

大根は冷たいそばに合わせることが多いので、温かいそばに登場させてみるのも一興ではないか、と考えた一品です。そばとせりの流れるような姿に合わせて、大根も流線形に整えました。大根は塩水でやわらかくしましたが、同時に甘みも引き出しています。

香りの強いせりの間に、大根をはさむことで口の中が休まり、せりを最後まで引き立てます。

|材料|

大根
せり
そば
そばだし
　醤油
　みりん
　昆布
　荒節

—作り方—

一
桂むきにした大根を塩水に浸け、やわらかくなったら、好みの幅の帯状に整え、数枚重ねて二つに折りたたむ。

二
せり（根付き）は沸騰寸前の湯で、根を2分湯がいたあと、葉と茎を湯に放って、1分湯がく。おか上げし、団扇であおいで粗熱をとる。

三
茹でたそばとせり、大根を盛り、温めたそばだしを張る。

*そばだし
かえし（醤油とみりんを同量合わせて半月寝かせる）を、昆布と厚く削った荒節でとっただしで割ったもの。

ゆず干し大根

干し大根を使った京都のおばんざいです。薄揚げは食べごたえを出すためでもありますが、干し大根の食感の引き立て役にもなってくれます。

調味料は酒と塩。干し大根特有のアンモニア臭を消すためのゆず皮と、最後にゆずのしぼり汁でさっぱりと仕上げます。大根を水で戻したあとの調理は10〜15分とすぐにできます。

うちの祖母は、焚いた切り干し大根を細かく刻んで、混ぜごはんにもしていました。戦時中の米不足から生まれた昔の人の知恵でしょう。ごはんがほんのり黄色に染まって、これも懐かしい京都の味のひとつです。

―作り方―

一
切り干し大根は一晩水で戻す。水気をしぼり、食べやすい長さに切る。薄揚げは細切りにする。

二
鍋に切り干し大根、薄揚げを入れ、全体が湿る程度の酒をふりかけて中火にかける。

三
大根から水分が出てきたら、塩、細切りのゆず皮を加えてなじませる。

四
ゆずのしぼり汁を加え、しっとりと仕上げる。

| 材料 |

切り干し大根
薄揚げ
ゆず
酒
塩

土佐和え

修業時代、桂むきしたあとに出る皮や切れ端で作るまかない仕事で覚えたのが、土佐和えです。大根は包丁仕事の練習だけでなく、味付けの場面でも若い料理人に実践の機会を与えてくれます。

まかないのときは、箸が止まらなくなるごはんの供でしたが、あと少しお酒を飲みたいという方へお出しすることもありました。すると1本のつもりがつい2本に……。久しぶりに作って、懐かしさに涙が出そうになりました。

|材料|

大根(皮、切れ端)
濃口醤油
みりん
かつお節

—作り方—

一
大根の皮と切れ端を一口大に切り、一晩乾かす。

二
濃口醤油とみりんを1対1で合わせて火にかけ、1割ほど煮詰めて醤油の角をとる。

三
煮詰めたたれに大根を絡め、網に取り出して、余分なたれを切る。

四
鍋でかつお節を炒って冷まし、大根にまぶす。

はりはり漬け

丸くて細くて長い、珍しい形をした干し大根が山口県の下関でいまも作られています。干している途中で、大根を揉む工程が入るのだそうです。

ポリポリとした大根らしい歯ごたえを生かすため、水で戻さず、茹でこぼすだけにしました。たまり醤油を使ったのは、色よりもコクが欲しかったからです。

漬けてすぐ食べられますが、理想は一晩おいてから。2、3日くらいで食べきります。多めに作って1～2週間保存したい場合は、酢を加えると日持ちします。

―作り方―

一
干し大根は水と一緒に火にかけ、茹でこぼす。

二
合わせ醤油の材料を鍋に合わせてひと沸かししたら火を止め、冷ます。

三
保存容器に茹でこぼした干し大根と合わせ醤油を入れ、納豆昆布でおおう。

| 材料 |

干し大根
納豆昆布
合わせ醤油
- たまり醤油
- みりん
- 酒

ぬか漬け

大根はぬか床の清掃役で、まめに漬けるとぬかが元気に、そしてきれいになります。大根は水分が多いので、漬け込む前に塩を揉み込み、余分な水分を抜いてから、さらに半日ほど干すことをおすすめします。陽焼けを防ぐため、私は夜の冷たい風にあてて干すようにしています。

ぬか床に加える塩は、水分や雑菌の原因にならないよう、炒り塩を使っています。いりこの粉も時々、加えます。野菜との相性がよく、旨みを引き上げるのに一役買ってくれるからです。わざわざ粉になったものを買わなくても、だし用のいりこくずを集めて加えれば十分です。

|作り方|

一
大根は皮付きのまま適当な大きさに切って、塩を揉み込み、一晩干す。

二
タオルで大根をきれいにふき、ぬか床に一〜二晩漬ける。

三
大根を取り出し、ぬかをさっと洗い落とす。皮目に細かく隠し包丁を入れ、食べやすい厚さに切る。

|材料|

大根
塩
ぬか床

ゆず大根

岩国赤大根は、深い赤色がきれいな山口県産の丸大根です。加熱調理には不向きですが、パリッとした食感が秀逸で、産地では、薄切りにしたものを果汁100パーセントのゆず酢やだいだい酢をベースにした甘酢に漬けて、ピンク色に染まった甘酢漬けを楽しむそうです。

私は大ぶりにカットしたものを、塩揉みせず、そのままゆず酢に漬けて、あとから好みの厚さに切る方法をとってみました。酸味をやわらげる砂糖も加えず、ゆず酢を真正面からぶつけたところ、パリッと感が一層際立ち、味も姿も目の覚める一品に仕上がりました。塩気が少ないので、漬物というより、ピクルスやサラダ感覚で楽しんでいただけると思います。

気に入ってくださる方が多く、酸味の苦手な常連客の男性まで、あっという間に完食されたのには驚きました。

|作り方|

一
大根は皮を付けたまま縦に6等分に切り、容器に並べる。

二
ゆず酢に少量の塩を溶かし、大根と合わせ、昆布、鷹の爪を入れ、重石をして冷蔵庫で4日ほど漬ける。

三
皮に隠し包丁を入れて、5ミリの厚さに切る。

|材料|

岩国赤大根
ゆず酢
塩
昆布
鷹の爪

大根の皮のきんぴら

｜材料｜

大根の皮
白ごま
梅干

大根の葉のきんぴら

| 材料 |

大根の葉
淡口醤油
みりん
かつお節

きんぴら二種

どちらも始末の料理の代表みたいな一品です。

大根の皮のきんぴらは、醤油とみりんで味付けすることが多いと思いますが、親方から教わったのは梅肉でした。崩れ梅を細かく叩き、仕上げに加えて調味していきます。大根の皮もひとつの立派な食材だと思えるほど、皮の苦みと甘み、旨みに一体感が出て生まれ変わります。

大根の葉のきんぴらは、えぐみが残らないよう、根気よく水分を飛ばすことがおいしさにつながります。油を使わないのは、表面がコーティングされて水分が飛びにくくなるのと、時間をかけて炒めていくと、どうしても油臭くなってしまうからです。大根の葉だけでは物足りないので、かつお節か、かつお節のだしがらを加えておかず感を出します。

大根の皮のきんぴら

—作り方—

一
大根の皮は細切りにする。梅干は包丁で細かく叩いておく。

二
白ごまと大根の皮をフライパンで炒め、ごまがはぜてきたら、叩いた梅肉を加えて手早く炒め合わせる。またはボウルに移してから、梅肉と和える。

どちらもお客様には出さないものですが、二つを並べて盛り付けたら、ちょっといい酒肴のようになりました。

大根の葉のきんぴら

—作り方—

一
大根の葉は細かく刻み、フライパンでから炒りして、水分を飛ばす。

二
淡口醤油、みりん、かつお節（または、だしがら）を加えて焚きあげる。

大根の葉のおひたし

| 材料 |

佐波賀(さばか)大根の葉
塩
浸し地
　昆布とかつおのだし
　塩
　淡口醤油
　みりん

大根の葉のおひたし

今回は葉付きで流通する京都の佐波賀大根を使いました。間引き大根のやわらかい葉など、状態のいい大根の葉が入ったときに作ります。

大根の葉にお湯をかけたあと、ボウルに入れて蒸らす方法は、もともと、花わさびやクレソンなどの辛みを立てるときのやり方です。ボウルをふると熱が放出されて、中が蒸し風呂状態になり、葉の香りや辛みを引き出してくれるのです。これをヒントに大根の葉にも応用しました。蕪の葉やせり、みずなどの山菜でやることもあります。

生の大根の葉は包丁の金気に触れると、苦みが立つので手で外します。また、塩揉みは、こするようにすると傷が入ってしょっぱくなります。なるべく葉を傷つけないようにいたわりながら、強めに揉んでください。

―作り方―

一
大根の葉を手で茎から外し、ボウルに入れ、塩で強めに揉む。

二
85℃のお湯をかけながら、箸で混ぜる。

三
ザルで素早く水気を切り、ボウルに戻したら、すぐにラップをかけ、ぴっちりとおおう。

四
ボウルを上下に数回ふったあと、そのまま蒸らす。

五
粗熱がとれたらザルにあけ、タオルで水気を軽く押さえ、浸し地に浸ける。

第二章

料理人と大根

松館しぼり大根 農家さんのはなし

第一章でたびたび料理に使われている松館しぼり大根は、大根おろしのしぼり汁が主役というめずらしい秋田の辛味大根。惜しまれつつ消えていく地大根が多いなか、いまも栽培が続けられている背景を、生産者の山崎道博さんに伺います。

秋田・鹿角市八幡平松館地区

ここは、松館地区にある野月という高台で、うちを入れて4軒の農家が栽培を続けています。野月のしぼり大根は特に辛みが強く、よそで育てたいと種を植えても、同じにはならないと聞きます。うちは何も特別なことはしていないから、土壌と気候が作る味なんだと思います。

うちのじいさんも、そのまた前のじいさんも、自分で食べる分はずっと作ってきたので、栽培するようになって100年は経っていると思います。昔のしぼり大根は、辛みが強いものがあれば、弱いものもあった

雪が降り始めるギリギリまで収穫を待つと松館しぼり大根は甘みがのって、さらにおいしくなる。

土壌と気候が作る、ここだけの味

り、形は蕪みたいに丸かったり、長いのがあったり、バラつきがあるのがふつうでした。みんな好みがあるので、地元で食べる分にはそれでよかったんです。近くの花輪(はなわ)でやっている朝市に持って行ったり、尾去沢(おさりざわ)の鉱山が稼働していた頃は、その市でもよく売れてました。

特産品にしていこうと栽培組合を作ったのは、もう40年以上前になります。鉱山が閉山になって、それまで買ってくれていた人たちが町を離れたことも大きかったと思います。味や形にバラつきがあると流通にのせられないし、大根の顔も覚えてもらいづらい。県の農業試験場が在来の種を選抜して、10年ほどかけて育種をしたのが、いま栽培している「あきたおにしぼり」という品種です。これを栽培するようになってからバラつきが減って、うちもＪＡ（農業協同組合）に出荷するようになりました。

しぼり大根は、辛味大根としては大きいほうで、長さは15センチくらい、重さは

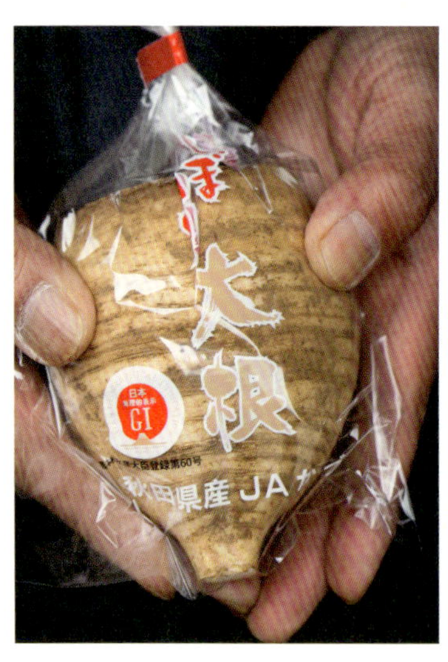

大根のコンディションを保つため、貯蔵中はもちろん、袋詰めするときも真っ白になるほど土は落とさない。

貯蔵後の味の変化も、楽しみのひとつ

３００～５００グラムになります。土から大根の首が出ないように育てると、形がきれいになる。葉は繊維質で硬く、えぐみが強いから、漬物にも料理にも使えません。抜いたら、その場で葉と根を切り落として、葉は畑の土に戻します。

この辺りは、４月中旬まで雪が残る豪雪地帯で、11月も半ばになると雪が降り始めます。収穫は10月末から11月半ばまでの半月。雪が心配で、みんな早く抜きたがるんだけど、早すぎると味が物足りなくなります。霜に２、３回当てると、甘みがのって旨くなるんです。

収穫してすぐ出荷するものはわずかで、ほとんどは土を払い落として貯蔵にまわし、翌年の３月まで出荷を続けます。時間が経つと、甘みと辛みが深いところで合わさって、なんとも言えない味になる。熟成で味が変化するのも、この大根の面白いところです。

しぼり大根は、皮付きでおろすと辛みがしっかり生きてきます。思ったほど辛くなかったという人にどうやっておろしたかと聞くと、たいがい皮をむいていることが多く、それくらい違うんです。おろしているときはほとんど水気が出ないけど、しぼると、どこに隠れていたのかと思うくらいたっぷり水分が出る。このしぼり汁でイカ刺しを食べるのが、昔からこの辺りの冬の楽しみです。ほかにもそばつゆに加えて、薬味代わりにしたり、冷奴や湯豆腐もしぼり汁に醤油をたらしてよく食べます。

県外に流通するようになって、うちらでは思いもしない食べ方が聞こえてくるようになりました。驚くことも多いけれど、育てる励みにもなっています。

松館しぼり大根は、おろしているときにはほとんど水分が出ないが、しぼるとたっぷり汁を含んでいることがわかる。

本書で使用した大根

日本には、全国各地に多種多様な大根があります。
干し大根を入れると、その数はさらに増えます。
本書の料理で使用した大根だけでもこれだけの種類がありました。

青首大根

使用料理：紅白なます（26ページ）、からすみ大根（52ページ）、甘鯛のみぞれ椀（66ページ）、鯛の潮汁（72ページ）、雑煮（76ページ）、大根の含め煮（88ページ）、ふろふき大根（90ページ）、ぶり大根（102ページ）ほか、ほとんどの料理に使用。

佐波賀（さばか）大根（222ページ）

使用料理：大根の葉のおひたし（186ページ）

聖護院大根（209ページ）

使用料理：聖護院大根の焚き合わせ（94ページ）

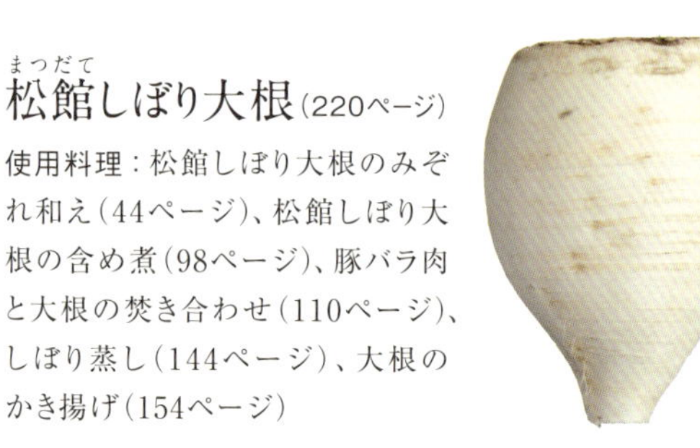

松館（まつだて）しぼり大根（220ページ）

使用料理：松館しぼり大根のみぞれ和え（44ページ）、松館しぼり大根の含め煮（98ページ）、豚バラ肉と大根の焚き合わせ（110ページ）、しぼり蒸し（144ページ）、大根のかき揚げ（154ページ）

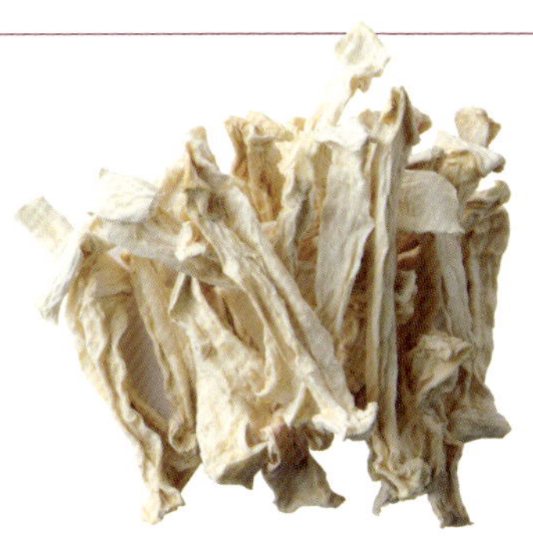

切り干し大根
使用料理：ゆず干し大根
（172ページ）

寒干し大根（230ページ）
使用料理：はりはり漬け
（176ページ）

寒干し大根（228ページ）
使用料理：秋田干し大根の煮物
（130ページ）

岩国赤大根（218ページ）
使用料理：ゆず大根
（180ページ）

蛇腹大根（231ページ）
使用料理：蛇腹大根の葛引き
（128ページ）

調味料のはなし

みりん

「最上白味醂」

馬場本店酒造／千葉

ふだんは白みりんと熟成みりんを使っています。大根料理には色を付けたくないことが多いので、白みりんを使います。料理の香りを邪魔しないようアルコールをしっかり飛ばし、半量まで煮切ったものを使用しています。

酢

「にいだの純米酢」

仁井田本家／福島

仁井田本家の料理用純米酒「旬味」で造った酢です。旨みが豊かで、甕熟成させているので、酸味も尖っていません。醸造は自然な造りの酢を手がける、山梨の戸塚醸造店が行っています。

酒

「旬味」

仁井田本家／福島

福島県郡山の酒蔵が造る料理用純米酒。店では半量まで煮切って、アルコールの香りを飛ばし、甘みを濃くしてから使っています。大根を炊くときは、だしにこの酒を合わせて先に甘みを含ませ、後から塩気のある調味料を加えると、味が濃くなりすぎません。

調味料は原材料がシンプルで伝統的な造りのものを探すと、
素材の味を引き立てる良品に出合えます。

塩

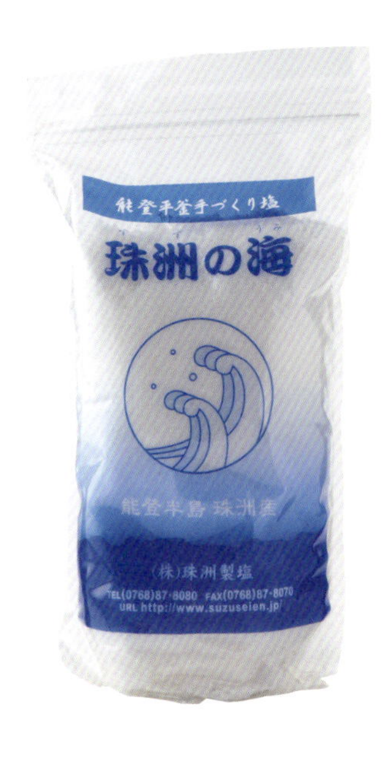

「珠洲の海 並塩」

珠洲製塩／石川

野菜や魚の下ごしらえには粗塩を直接ふりますが、調味用の塩はそのまま使わず、塩水にして、一晩冷蔵庫に寝かせたものを、2割程度煮詰めてから使っています。塩水にすると、粒子が細かくなるので、最小限の塩分で味を調えることができます。

濃口醤油

「天然醸造醤油 百寿」

石孫本店／秋田

大豆と小麦は秋田産。木桶仕込みで、余計なものは一切入らない実直な造りです。ぶり大根や鶏大根に少量加えるだけで、練れた旨みが料理の味を一段引き上げてくれます。

淡口醤油

「龍野 本造り うすくちしょうゆ」

末廣醤油／兵庫

淡口醤油は香り付けに数滴使う世界。香りに邪魔が入らないよう、余計な材料が入っていないものを選ぶようにしています。原料は大豆、小麦、食塩のみ。末廣醤油がある兵庫県たつの市は、淡口醤油の発祥の地で、伝統製法が守られています。

道具のはなし

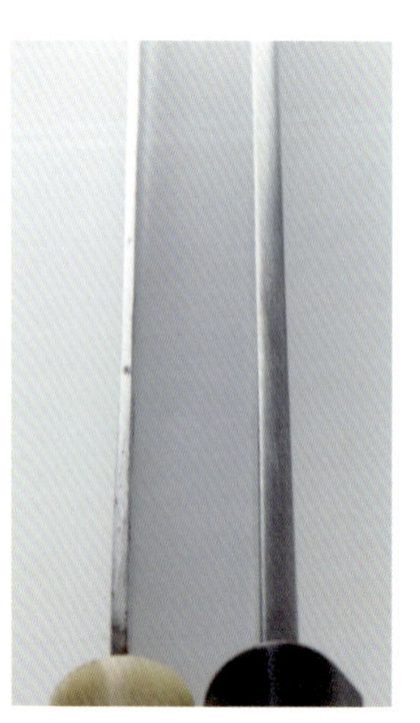

上から見ると刃の厚みの違いがよくわかります。

大根包丁

右は野菜を切るときに使う片刃の薄刃包丁。左は両刃の大根包丁です。大根包丁は包丁屋さんに特注で作ってもらったもので、市販はされていません。

おいしい大根ほど寒い時期は身が詰まっていて、どんなによく研いだ包丁で切っても、途中で割れてしまうことがあります。薄刃よりもっと刃の薄い包丁なら大根に負荷がかからず、割れにくいのでは、と思ったのが大根包丁の始まりでした。参考にしたのは羊羹包丁です。薄刃で刃幅が広く、両刃なので、切り口が斜めになりにくいのも好都合でした。実際、刃が薄くなったことで、大根は割れにくくなりました。

きれいで澄んだ味を作るためには、味付け以前の、
切る道具が、日本料理においてはとても大切です。
料理屋らしい姿と味を作る包丁とおろし金を見ていきます。

［表］粗目　　［裏］細目

おろし金

おろし金も、包丁と同様、大根を「切る」道具と考えます。職人さんがひとつひとつ打った目は包丁の刃に相当するからです。大根は横から刃にあてるよう、円を描いておろすと、大根から水分が逃げにくく、甘みが引き出されます。上から大根を押しつけてすりおろすと、繊維はつぶれますから、大根から水が逃げ、雑味やにおいも出やすくなります。

目立てにも刃の向きがあるので、左利きの方はお店に確認したほうがいいでしょう。また、メンテナンスも大切です。といっても包丁のように毎日とは行きません。私は10年に1度、仕立て直しをお願いしています。おろし金は手の大きさに合ったサイズを選ぶと使いやすさが違います。軽く手のひらをひろげておろし金の面にあて、大きさがほぼ同じものを選ぶとよいでしょう。

第三章 大根と日本人

大根が歩んできた道

数千年の時と長い道のりを経て日本に到達した大根は、いつしか日本を代表する野菜となり、日本料理とも密接な関係を築いてきました。その歩みを振り返ります。

全国各地に根を下ろし、日本人にもっとも親しまれる野菜となった大根。

大根は世界的に見ても歴史の古い野菜で、発祥の地は、東地中海沿岸からコーカサス地方（現在のアゼルバイジャン、アルメニア、ジョージア）一帯という説もあれば、中国説もあり、広域にわたります。栽培の歴史も古く、古代エジプトのピラミッド建設で、労働者に大根が支給されていた記録があることから、4500年以上前には栽培が始まっていたと考えられています。

〈やわらかい大根、硬い大根〉

大根は栽培地域を広げるなかで、土地の野生種や栽培品種と交雑を繰り返し、姿形、そして味を変化させていきました。日本へは南北二つのルートから伝わったとされています。

ひとつは、中央アジアからインド、東南アジアを経て、中国南部から伝わった「華南系大根」です。この系統は水分が豊かで、葉や根もやわらか。日本の基本品種と言われています。江戸時代には「色雪のごとく白く、甘きこと飴のごとし」と評された方領（ほうりょう）大根（愛知）や、練馬大根（東京）がこの系統に入ると言われます。

もうひとつは、中央アジアから中国北部を経て、朝鮮半島から入った「華北系大根」です。寒冷地を経由した大根は、凍結しないよう水分が少なく、肉質は詰まって、貯蔵性の高さを備えるようになります。東北地方や信州などの山間地に根づいた辛味大根に代表され、ほかにも田辺大根（大阪）がこの流れを受け継いでいます。

〈白さが尊ばれた神聖な野菜〉

大根が日本にいつ頃到達したかについては、時代を特定できませんが、日本最古の書物『古事記』（712年）と『日本書紀』（720年）にその姿を見せています。大阪・堺市にある仁徳天皇の前方後円墳は有名ですが、その仁徳天皇の和歌に大根が詠まれ、内容から、すでに栽培もされていた様子が伺えます。

つぎねふ　山代女（やましろめ）の　木鍬（こくは）持ち　打ちし大根（おほね）
根白（ねじろ）の白腕（しろただむき）枕（ま）かずけばこそ　知らずとも言はめ
（山代の娘が木の鍬を持って、畑を耕した大根。その根のように白いあなたの腕を、私が枕として共に寝なかったのならば、私のことを知らないと言うだろうが、そうは言わせないよ）

これは恋多き仁徳天皇が、嫉妬に駆られる后に和解を求めるため詠んだ歌と言われています。天皇の恋歌、しかも仲直りのために贈った歌となると、大根は愛しい人の白い腕を例えるのにふさわしい、特別な存在だったと言えます。実際、大根の白さは神聖なものとして尊ばれ、当時から宮中行事の供物には欠かせない野菜でした。ちなみに、仁徳天皇の古墳からは、大根の種も確認されているそうです。

〈「おほね」から「だいこん」へ〉

ところで大根は、最初から「だいこん」という名前で呼ばれていたわけではありませんでした。奈良から平安時代にかけての書物では、漢字で「於富泥」、「於朋禰」、「於保根」と記されています。いずれも「おほね」と読み、「おほ」には、根が太るという意味があります。栽培大根は太く育つので「おほね」と呼ばれ、自生している大根は根が小さいことから「こほね」と分けて呼ばれていたことが、当時の辞書から読みとれます。

平安時代にかな文字が使われ始め、「おおね」と表記されるようになると、今度は漢字で「大根」の文字があてられ、「だいこん」と呼ぶ人が出てきます。こうして室町時代以降には、だいこんの呼び名が一般的になったと考えられています。

〈 参勤交代も大根の発展に貢献 〉

江戸時代に入ると、大根の育種が飛躍的に進みます。これは参勤交代や、江戸中期以降のお伊勢参り、善光寺詣、越中富山の薬売り、近江商人、北前船の舟運、湯治などで人々の往来が増え、評判の高い品種が全国各地に広まったことが、追い風となりました。

練馬大根は、参勤交代で全国へ広がったと言われています。生産は少なくなりましたが、いまも各地の大根にその面影を残しています。宮重（みやしげ）大根（愛知）は青首大根の元になった品種で、食味のよさが当時から評判でした。こちらは近江商人やお伊勢参りの人々によって、広まったと言われています。こうして、当時のスター大根は各地の大根と交配し、風土に合った姿形となって、特色のある地大根が生まれました。最盛期には８００種を超え、そこから漬物や名物料理が生まれ、土地の食文化を担っていくようになります。

〈 大根料理の黄金期 〉

人々の暮らしに大根が浸透すると、調理法も進化していきました。

江戸初期の１６４３年に出た料理専門誌『料理物語』には、大根を使った料理として「汁」、「膾（なます）」、「煮物」、「香の物」、「干し大根」などの調理法が記載されています。

江戸中期の１７８５年には、大根料理だけを記した本が2冊登場しています。

そのうちの1冊、『大根一式料理秘密箱』では、およそ50品紹介されている大根仕事のうち、半数近くが、あしらいを含む切り方の解説に費やされ、日本料理における包丁仕事の重要性を伝えています。料理も柔軟性に富んでいます。小ぶりに切った大根をごま油で揚げ、胡椒を添えた大根おろしで食べる「揚げ出し大根」や、紙で巻いた大根をわら火の中で焼く「焼きふろふき」、また、漬物はすりおろして料理に展開するといった使い方も紹介されています。

〈 大根と日本人の絆 〉

もう1冊の『諸国名産大根料理秘伝抄』では、郷土の味と並んで、各地の神事にまつわる大根料理が数多く収められています。地元の名物大根が用いられた例も多く、ここでも、全国で栽培されていた地大根の豊かさが伝わってきます。江戸時代は飢饉が多く、米食の副食として大根が人々の命をつないできたことも、栽培が盛んになった背景にあります。

明治の開国後、日本人の食は西洋化の道を進みますが、大根の地位をすぐにおびやかすものにはなりませんでした。江戸時代から昭和10年（１９３５年）まで、東京・京橋（中央区）で２７０年ほど続いた青物市場は「大根河岸」と呼ばれ、日本人の食の中心に、大根が存在し続けたことを表しています。長い年月をかけて築きあげてきた大根と日本人の絆は、暮らしの隅々に習慣となって浸透し、日本料理人にとっても、簡単には手放せない存在となっていたのです。

日本全国名物大根一覧

地名の付いた大根が数多く存在する日本は、まさに大根王国。長い年月のあいだに、栽培地が移動した大根もありますが、その名をいまに伝える名物大根を北から南まで見ていきましょう。

「在来種」「地大根」「伝統野菜」などを総称して、ここでは「名物大根」としました。正式名称では「だいこん」「ダイコン」と表記される品種も、本書では漢字で統一しました。

【岩手】
- ○安家地大根（あっか）　岩泉町安家
- ○雉頭大根（きじがしら）　盛岡市

【宮城】
- ○仙台地大根（せんだい）　仙台市
- ○小瀬菜大根（こぜな）　加美郡加美町小瀬

【秋田】
- ○松館しぼり大根（まつだて）　鹿角市松館
- ○仁井田大根（にいだ）　秋田市仁井田
- ○沼山大根（ぬまやま）　横手市沼山
- ○大館地大根（おおだて）　大館市立花
- ○川尻大根（かわしり）　秋田市

【山形】
- ○花作大根（はなづくり）　長井市花作
- ○小真木大根（こまぎ）　鶴岡市小真木
- ○ピリカリ大根　鶴岡市羽黒町　※野生種
- ○肘折大根（ひじおり）　大蔵村

- ○東光寺大根（とうこうじ）　日野市東光寺
- ○志村みの早生大根（しむら・わせ）　板橋区志村
- ○汐入大根（しおいり）　荒川区隅田川周辺
（別名：二年子大根（にねんこ）、時無し大根（ときな））

【神奈川】
- ○三浦大根（みうら）　三浦市、横須賀市
- ○寺尾二年子大根（てらおにねんご）　横浜市鶴見区
- ○波多野大根（はたの）　秦野市
- ○鎌倉大根（かまくら）　鎌倉市由比ヶ浜　※野生種

【新潟】
- ○赤塚大根（あかつか）　新潟市赤塚

【富山】
- ○平野大根（ひらの）　射水市

【石川】
- ○源助大根（げんすけ）　金沢市打木町

【愛知】
- ○守口大根（もりぐち）　扶桑町
- ○方領大根（ほうりょう）　あま市甚目寺町方領
- ○宮重大根（みやしげ）　清須市春日宮重
- ○徳重大根（とくしげ）　名古屋市緑区
- ○堀江つまり大根（ほりえ）　清須市
- ○春福大根（はるふく）　清須市

【三重】
- ○御薗大根（みその）　伊勢市、明和町

【滋賀】
- ○伊吹大根（いぶき）　米原市伊吹、大久保
- ○山田ねずみ大根（やまだ）　草津市北山田町

【京都】
- ○聖護院大根（しょうごいん）　京都市左京区
- ○辛味大根（からみ）　京都市北区鷹峯
（別名：鷹峯大根（たかがみね））
- ○青味大根（あおみ）　京都市

- ○とっくり大根　周南市

【徳島】
- ○阿波晩生大根（あわばんせい）　吉野川下流域

【愛媛】
- ○庄大根（しょう）　松山市庄
- ○皿冠大根（さらかずき）　松山市竹原町

【高知】
- ○入河内大根（にゅうがうち）　安芸市入河内

【佐賀】
- ○女山大根（おんなやま）　多久市西多久町

【長崎】
- ○雲仙四月大根（うんぜんしがつ）　諫早市
- ○雲仙赤紫大根（うんぜんあかむらさき）　雲仙市吾妻

【熊本】
- ○五木赤大根（いつきあか）　五木村

番外編

F1（一代交配）の青首大根にも産地名や土壌の特性を名前に付けた名物大根があります。その一部をご紹介します。

＊印は夏〜秋に出荷される大根

【福島】
- ○蟹川大根（かにがわ）　会津若松市

【岐阜】
- ○ひるがの高原大根＊　高鷲町

【山形】(continued)

○梓山大根（ずさやま）　米沢市梓山
○弘法大根（こうぼう）　米沢市　※野生種
○藤島大根（ふじしま）　鶴岡市藤島
（別名：豊栄大根（ほうえい））

【福島】
○赤筋大根（あかすじ）　福島市周辺、会津地方
○あざき大根　金山町　※野生種

【茨城】
○浮島大根（うきしま）　稲敷市浮島

【栃木】
○唐風呂大根（からふろ）　日光市足尾町

【群馬】
○上泉理想大根（かみいずみりそう）　前橋市上泉町
○時沢大根（ときざわ）　前橋市
○十文字大根（じゅうもんじ）　高崎市

【埼玉】
○西町理想大根（にしまちりそう）　川越市

【東京】
○亀戸大根（かめいど）　江東区
○練馬大根（ねりま）　練馬区
○伝統大蔵大根（でんとうおおくら）　世田谷区大蔵
○高倉大根（たかくら）　八王子市高倉町

【福井】
○板垣大根（いたがき）　福井市板垣

【山梨】
○浅尾大根（あさお）　北杜市明野町浅尾

【長野】
○信州地大根（しんしゅう）　茅野市、長野市、飯山市など
○ねずみ大根　坂城町、千曲市
○戸隠大根（とがくし）　長野市戸隠
○灰原辛味大根（はいばらからみ）　長野市信更町灰原
○たたら大根　長野市
○上野大根（うえの）　諏訪市豊田上野
○後山地大根（うしろやま）　諏訪市
○赤口大根（あかくち）　諏訪郡八ヶ岳西麓
○切葉松本地大根（きればまつもと）　松本市
○親田辛味大根（おやだからみ）　下條村親田
○前坂大根（まえさか）　山ノ内町
○牧大根（まき）　安曇野市穂高
○山口大根（やまぐち）　上田市山口
○上平大根（わってら）　千曲市森

【岐阜】
○守口大根（もりぐち）　各務原市木曽川流域

【静岡】
○三島大根（みしま）　三島市

【京都】(continued)

○茎大根（くき）　京都市左京区松ヶ崎
○桃山大根（ももやま）　京都市
○鞍馬大根（くらま）　京都市鞍馬
○時無大根（ときなし）　京都市南区
○佐波賀大根（さばか）　舞鶴市佐波賀

【大阪】
○大阪四十日大根（おおさかしじゅうにち）　大阪市
○田辺大根（たなべ）　大阪市東住吉区
○守口大根（もりぐち）　守口市

【奈良】
○祝大根（いわい）　奈良市、宇陀市、明日香村

【和歌山】
○紀州白大根（きしゅうしろ）　和歌山市
○青身大根（あおみ）　和歌山市
○和歌山布引大根（わかやまぬのびき）　和歌山市布引

【鳥取】
○板井原大根（いたいばら）　智頭町

【広島】
○うぐろ大根　広島市
○笹木三月子大根（ささきさんがつこ）　広島市

【山口】
○岩国赤大根（いわくにあか）　岩国市

【宮崎】
○米良大根（めら）　西米良村
（別名：糸巻き大根（いとま））
○平家大根（へいけ）　椎葉村
（別名：すえ大根）

【鹿児島】
○桜島大根（さくらじま）　鹿児島市桜島
○横川大根（よこがわ）　霧島市横川町
○国分大根（こくぶ）　霧島市隼人町
○開聞岳大根（かいもんだけ）　開聞町松原田
○城内大根（じょうない）　南大隅町城内
○山川大根（やまかわ）　指宿市山川
○有良大根（ありら）　奄美市有良
○古志大根（こし）　瀬戸内町古志
○小野津大根（おのつ）　喜界島小野津

【沖縄】
○鏡水大根（かがんじ）　那覇市
○津堅大根（つけん）　津堅島
○伊平屋大根（いへや）　伊平屋村
○和宇慶大根（わうけ）　中城村（なかぐすくそん）
○屋部大根（やぶ）　名護市

【静岡】
○三方原大根（みかたはら）　浜松市三方原

【三重】
○嬉野大根（うれしの）　松阪市

【滋賀】
○泰山寺大根（たいさんじ）　高島市

【兵庫】
○畑ケ平大根*（はたがなる）　新温泉町
○轟大根*（とどろき）　養父市

【鳥取】
○広留野大根*（ひろどめの）　八頭町

【岡山】
○蒜山大根*（ひるぜん）　真庭市
○カルスト大根*　新見市

【広島】
○庄原高野大根*（しょうばらたかの）　庄原市

【山口】
○千石台大根*（せんごくだい）　萩市

【愛媛】
○大野ヶ原大根*（おおのがはら）　西予市

【日本の大根に影響を与えた品種群】

大根図鑑

青首大根のルーツ

愛知

宮重（みやしげ）大根

青首大根のルーツとなった大根。清須市春日宮重町が原産で、江戸中期には、名物大根として名が知られていた。練馬大根に次いで大きな品種群で、各地の大根に影響を与えた。地元では1950年ごろ、在来の宮重大根の栽培は途絶えたが、1992年に、純種子保存会が発足して復活。毎年、優良な個体の選抜を行って、栽培が続けられている。

日本最大の品種群

東京

練馬大根

徳川綱吉の奨励によって元禄（1688～1704年）の頃には、特産化していたと考えられている。時代を経るなかで「秋づまり」や「尻細」、「丸尻」、「理想」など、多くの系統が生まれ、日本最大の品種群となった。写真は「練馬尻細」。長さは70cmを超え、たくあんに最適とされている。JA東京中央会の「江戸東京野菜」に登録され、保存会を中心に栽培が続けられている。JAの直売所で年に数日だけ販売もされている。

【日本料理店になじみの深い品種】

大根の育種が盛んだった日本には、多種多様な大根が誕生しました。ここでは、料理人になじみのある品種を入口に、現在も各地でさまざまな姿を留める大根を、形や特性ごとに解説していきます。遠く離れていても、どこか似た面影を持つ大根もあり、発見は尽きません。

宮重大根の流れを汲む

京都

聖護院大根

江戸末期、宮重大根(愛知県)を譲り受けた聖護院の篤農家(とくのうか)が、採種と栽培を続け、現在の丸形になったとされている。味のよさと、耕土が浅い聖護院周辺では作りやすかったことから広まり、京都を代表する大根となった。直径15〜20cm、重さは1〜2.5kg。美しい白い肌と緻密な肉質が特徴で、甘みが豊か。辛みや苦みはほとんどない。

練馬大根と宮重大根の流れを汲む

石川

源助大根(げんすけ)

金沢市打木町の篤農家が、練馬系の流れを汲む地元の大根と、愛知県の井上源助氏が育種した宮重系の品種をかけあわせ、1942年に誕生。一時は消えかけたが、97年、「加賀野菜」としてブランド認定されてから生産量が復活。美しい肌と、緻密な身質で、おでんやぶり大根などの煮物に最適とされる。出荷は10〜2月。

【大型系】

沖縄

鏡水大根（かがんじでーくに）

那覇市内で栽培される島大根のひとつで、平均して5kg前後に育つ。青首大根よりやわらかくきめが細かいため、火の通りと味の染み込みがはやい。大正時代にはすでに名物大根だった記録が残っている。現在は、鏡水大根事業協同組合を中心に7名の生産者が栽培を続ける。収穫は10〜2月。

神奈川

三浦大根

長さ50〜60cm、重さは4kgに達するものもある。明治に入って、練馬系の大根が三浦半島に伝わり、在来の大根と交雑して、昭和の初めに現在の姿になったとされている。繊維は緻密で煮崩れしにくい。生で食べると歯切れがよいことから、なますにも最適とされ、正月商材としての一面も持つ。

鹿児島

桜島大根

江戸時代にはすでに大型の大根として知られていた。栽培に150日ほどかかり、収穫は1～2月。漬物や切り干し大根にも加工される。最近の研究で、血管を強くしなやかにする「トリゴネリン」という成分が多く含まれていることがわかり、注目を集めている。

東京

伝統大蔵（おおくら）大根

青首大根が台頭する直前まで世田谷区内で盛んに栽培されていた品種。現在は、JA東京中央会「江戸東京野菜」に登録されている。甘みが強く、漬物や煮物に最適。11月半ば～12月半ば頃、区内のJAの共同直売所などで入手できる。

【円筒系】

京都

桃山大根

滋賀県の伊吹大根が伝わって栽培が始まったという説と、もともと京都にあった中堂寺大根（茎大根、214ページ）がルーツという説がある。長さは30cmほどで、直径は6～8cm。主にたくあんに加工される。

山形

花作大根

(はなづくり)

長井市の花作集落の在来種で江戸時代から続く大根。円筒形ととっくり形があり、長さは14〜15cm、重さ500gほど。肉質は硬く、生食や煮物には向かないため、たくあんに加工される。

大阪

田辺大根

大阪市東住吉区田辺地区で江戸時代にはすでに栽培されていた。長さ20cm前後。身質はきめ細かく甘みがあり、葉もやわらかく、裏に毛がないため利用しやすい。「なにわの伝統野菜」に認定されている。

滋賀

山田ねずみ大根

草津市北山田地区に伝わる大根で、名前は、根の先がねずみの尾に見えるところに由来する。長さは15〜25cm。多くはたくあんに加工されるが、辛みが少なく、身がやわらかいので、煮物にも利用されている。葉もやわらかい。

【下ぶくれ系】

茨城

浮島大根

稲敷市浮島地区の大根。首がほっそりとして、下ぶくれの形が特徴的。やわらかくて、辛みが少なく、歯切れのよさから、主にたくあんに加工される。収穫は12月。

長野

前坂大根

山ノ内町に伝わる伝統野菜。肉質は緻密で硬く、水分が少ないことから、たくあんに利用されている。長さ25～30cm、重さは300～350gほど。一説には、練馬系の大根を改良したとも伝えられている。

京都

茎大根

先端がやや太い尻づまり（先端まで身が詰まっていること）系の大根。300年ほど前から広く栽培されてきたと考えられており、地名をとって、南禅寺大根、吉田大根、中堂寺大根とさまざまに呼ばれる。

長野
牧大根

安曇野市穂高牧地区で栽培されている信州の伝統野菜。先端が最も太く、長さは15～20cm。身質が硬く、主にたくあんに加工される。辛みが強いため、おろしでも食されている。

長野
山口大根

上田市の山口地区で栽培されている伝統野菜。甘みと辛みをしっかり備え、おろしや漬物に加工される。天ぷらにすると甘みが増し、サクサクッとした歯ごたえが楽しめる。

山口
とっくり大根

周南市福川地区に伝わるたくあん用の大根。長さは15cm前後。皮が薄く、歯切れのよいたくあんができる。首が特に細く、他の地区に種を植えてもとっくり形にならないと言われている。

【細長系（白首）】

山形

小真木（こまぎ）大根

鶴岡市小真木で江戸後期には栽培されていたと考えられている。根は硬く、辛くて苦みもあるため生食には向かず、主に漬物に加工されてきた。干す前に皮をむき、葉を付けたまま、吊るし干しにする（224ページ）。庄内地方の正月料理、はりはり漬けに使われている。

東京

東光寺大根

練馬大根の流れを汲む漬物用大根で、明治から昭和にかけて日野市で盛んに栽培されていた。現在も数軒の農家により栽培が続けられている。JA東京中央会が認定する「江戸東京野菜」に登録されている。

大阪・岐阜・愛知

守口大根

根は120～140cmで、長いものは180cmを超える。現在の大阪・守口市で栽培されていた細根の大根の漬物を豊臣秀吉が気に入り、「守口漬け」と名付けたことが「守口大根」の名前の由来とされている。後に産地が岐阜、愛知へ移り、名古屋名物の粕漬け「守口漬け」に加工される。守口市でも栽培が復活し、「なにわの伝統野菜」に登録されている。

奈良

祝（いわい）大根

正月の雑煮大根。長さ20～30cm、直径は3cmほど。大和の雑煮には、"円満"を意味する輪切りの大根が使用され、輪切りにするために3cm程度の太さが重視される。雑煮用のため、収穫は12月下旬に一斉に行われる。

【細長系（青首）】

秋田

沼山大根

横手市沼山地区で「青頭」と呼ばれ栽培されていたが一度途絶え、2018年に大仙市で栽培が復活。身質は詰まって硬く、主にいぶりがっこに加工される。おろしでは辛みを、加熱調理では甘みを楽しめる。首の緑色は、寒さが厳しくなるほど濃くなる。収穫は10～11月。

福井

板垣大根

明治時代に宮重系の大根から育成された細根の大根で、45日ほどで収穫できる。強い辛みが特徴で、越前おろしそばに使用されるほか、ぬか漬けなどでも食べられている。保存会により栽培が続けられ、市場にも10月頃出荷している。

京都

青味大根

現在の中京区西ノ京（旧朱雀野（すじゃくの）村）の原産とされ、栽培は文化・文政期（1804～1830年）の頃からと考えられている。長さは12～15cm、直径は1cmほど。味噌漬けや椀種、もろみ大根などに使われる。

和歌山

青身大根

紀州藩の地誌に、江戸時代後期に栽培されていた記録がある。大正時代には献上品となるほどの特産品だった。直径は2cm、長さ25cmほどで、正月の雑煮大根として栽培が続けられている。

【赤紫系】

佐賀

女山（おんなやま）大根

多久町女山で、江戸時代には栽培されていた記録があり、品評会も100年以上前から行われていた。1本が4～5kgに成長し、10kgを超えるものも。煮崩れしにくく、煮物、汁物、和え物にも使われる。一時途絶えかけたが、地元に残っていた種から育種を重ね、特産品として復活した。

山口

岩国赤大根

岩国市錦見（にしみ）で栽培される赤大根。日清戦争のとき、中国から持ち帰られた皮の赤い大根を栽培したのが始まりで、1935年頃、現在の形に品種が固定された。錦見以外で栽培すると、赤ではなく紫になるという。重さは800gほど。生食向きで、酢漬けには柿酢やゆず酢を使うと色が抜けにくい。8戸の農家が現在も栽培を続けている。

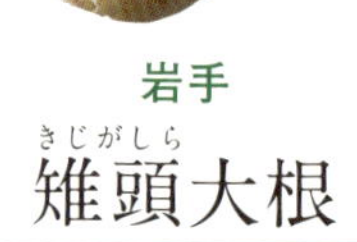

岩手

雉頭（きじがしら）大根

盛岡市の在来種。土から出る部分が赤く色付き、雉の頭のように見えるところから名付けられた。水分が少なく、肉質は密。寒くなると辛みが旨みに変わり、霜にあたるほど苦みが消える。漬物にすると旨みが高まる。山形、宮城、秋田にも同種の大根があり、「赤頭大根」とも表記される。

宮崎

米良（めら）大根（糸巻き大根）

西米良村（にしめらそん）の在来種で、栽培は500年以上前からと考えられている。伝統的に焼畑で栽培されてきた。全体が赤紫色のものと白い大根があり、白い方には糸を巻きつけたような筋が入るため、糸巻き大根とも呼ばれる。甘みが強く、生でみずみずしさを楽しむこともできる。切り干し大根にも加工される。収穫は12〜2月。

北から南まで

各地に姿を留める赤紫系大根

赤首、赤筋、全身が赤いものまで各地で古くから栽培されてきた赤紫系大根。
現在も、土地の名物大根として多様な姿を留めています。

1	岩手	安家地（あっか）大根
2	秋田	大館地（おおだて）大根
	山形	肘折（ひじおり）大根
3	福島	赤筋大根
4	栃木	唐風呂大根
5	長野	たたら大根
	長野	赤口大根
8	愛媛	庄大根
6	高知	入河内（にゅうがうち）大根
9	熊本	五木赤大根
10	鹿児島	国分大根
7	鹿児島	古志（こし）大根
	鹿児島	横川大根

1

2

3

4

5

6

7

8
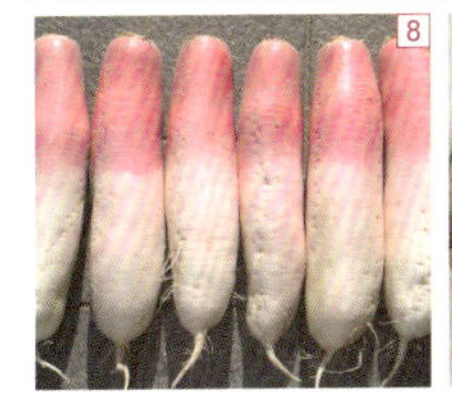

9

10

【辛味系】

くさび形

宮崎

平家大根（すえ大根）

平家の落人伝説が残る椎葉村に800年前から伝わる大根。地元では伝統的に焼畑で栽培される。おろしのほか、漬物や干し大根、煮物としても食される。

秋田

松館しぼり大根

鹿角市松館地区に伝わる、おろしのしぼり汁をメインに使う大根。身は詰まって硬く、皮付きのままおろすと辛みが最大限に引き出される。長さは15cmほど。10月末～11月半ばに収穫し、土付きのまま貯蔵して、3月まで出荷される。

丸形

長野

親田辛味大根

下條村親田地区に伝わる大根。尾張徳川家に献上された記録が残り、栽培は300年以上と考えられている。そばの薬味として人気が高く、県外にも出荷されている。収穫は9～12月。

京都

辛味大根（鷹峯大根）

直径は3～5cmと小さく、根、葉ともに蕪のような姿をしている。京都市北区大北山の原産で、元禄（1688～1704年）・宝永（1704～1711年）の頃から、現在の北区鷹峯で栽培されていたとされる。すりおろして、そばの薬味などに使われる。

滋賀
伊吹大根

伊吹山周辺は古くからそばの産地で、江戸時代には、すでにそばの薬味として評判が立つほど栽培の歴史は古い。辛みの秘訣は赤土と標高の高さにあり、種をほかの土地に植えても同じ辛みは出ない。

下ぶくれ形

長野
ねずみ大根

江戸時代、薬用として長崎から伝わったとされ、現在は坂城町、千曲市で栽培される。辛みだけでなく甘みもあり、おろした大根のしぼり汁を郷土料理「おしぼりうどん」のつけ汁に利用する。収穫は10月下旬～11月。

長野
戸隠(とがくし)大根

長野市戸隠で江戸時代からそばの薬味として使われていた記録が残っている。下ぶくれで長さは20cmほど。たくあんにも利用されている。収穫は10月中旬～11月中旬。

長野
灰原(はいばら)辛味大根

長野市信更(しんこう)町灰原地区で栽培される辛味大根。短形で下ぶくれ。辛みが強く、「おしぼりうどん」や「おしぼりそば」のつけ汁、たくあんに使われる。収穫は10月中旬～11月下旬。

【その他】

葉を生かす大根

東京

亀戸大根

江戸後期には、亀戸香取神社周辺で栽培されていた。葉付きの大根をわらで束ねた姿が亀やおたふくを思わせるところから、当初は、「おかめ大根」、「おたふく大根」と呼ばれていた。長さは25〜30cmで、重さは200gほど。やわらかな葉は、根と一緒に浅漬けとして利用される。収穫は3〜4月。「江戸東京野菜」に登録。

京都

佐波賀（さばか）大根

舞鶴市で江戸時代から栽培が始まったとされる。一時、生産が途絶えたが、2010年に復活の動きが始まり、現在は「京の伝統野菜」にも入っている。規格により葉付きでの流通が決められている。水分が少なく身は硬め。引き締まった肉質で煮崩れしにくい。収穫は2〜3月。

宮城

小瀬菜（こぜな）大根

葉のみを食べる大根で、80cm〜1mほどに成長するが、根はほとんど伸びない。江戸末期頃、加美町小瀬地区で栽培が始まり、味噌漬けや塩漬けに加工されてきた。ほかの地域で育てても葉がやわらかくならないとされてきたが、レシピを工夫することで地域での再評価が進み、栽培者が増えている。

すずしろ

すずしろは大根の別名で「清白」と書き、「汚れのない白さ」を表す縁起物として、七草粥に欠かせない。七草は、正月に野草を摘む平安時代の宮中行事「若菜摘み」がルーツとされ、江戸時代にいまの形になったと言われている。現在は、七草セットで根付きの幼い大根が日本の伝統行事をつないでいる。

野生にルーツがある大根

福島
あざき大根

野生の大根は、海辺に自生する浜大根と内陸部の野良大根がある。あざき大根は標高600mほどの高原（金山町の太郎布（たらぶ）高原）に自生する野良大根。野生種だが、戦前から栽培もされ、そばなどの薬味に生かされてきた。同様の野良大根は、山形県鶴岡市にもあり、「ピリカリ大根」として栽培が行われている。

流通に不利となっても大根の多様な姿をいまに伝える

愛知
方領（ほうりょう）大根

江戸時代の書物に「色雪のごとく白く、甘きこと飴のごとし」とあるほど美味とされ、江戸中期には、あま市の甚目寺（じもくじ）地区ですでに栽培されていたと考えられている歴史の古い大根。のちに青首大根の元となる宮重大根と共に、「尾張大根」として全国に名を馳せ、各地で栽培されていた。根が湾曲した独特の形状が良品とされ、現在の流通には不利となったが、自家用や保存会による栽培で、いにしえの姿をいまに伝える。

軒下に吊るされた小真木大根の風景（山形県）。伝統的にはりはり漬けに加工される。

干し大根入門

干し大根の大根仕事

保存用に加工される大根は、天日と寒風で乾燥させるタイプと、下茹でしてから、戸外で凍結と解凍を繰り返してフリーズドライ状態にする凍み大根の大きく二つに分けられます。
それぞれの干し大根は、地域によって製法が少しずつ異なり、左のような工程に分けることができます。

凍み大根

材料

秋の終わりに収穫し、土の中に貯蔵しておいた大根。

カット

▽厚め、太め
1月に大根を掘り出し、皮をむいて二つ割り、四つ割り、厚めの輪切りなどにする。

干し大根

材料

冬に収穫し、数日おいた大根。

カット

▽薄め
皮をむき、帯状に切る。

▽細め、薄め
皮をむき、せん切り、短冊切り、輪切り、いちょう切りなどにする。

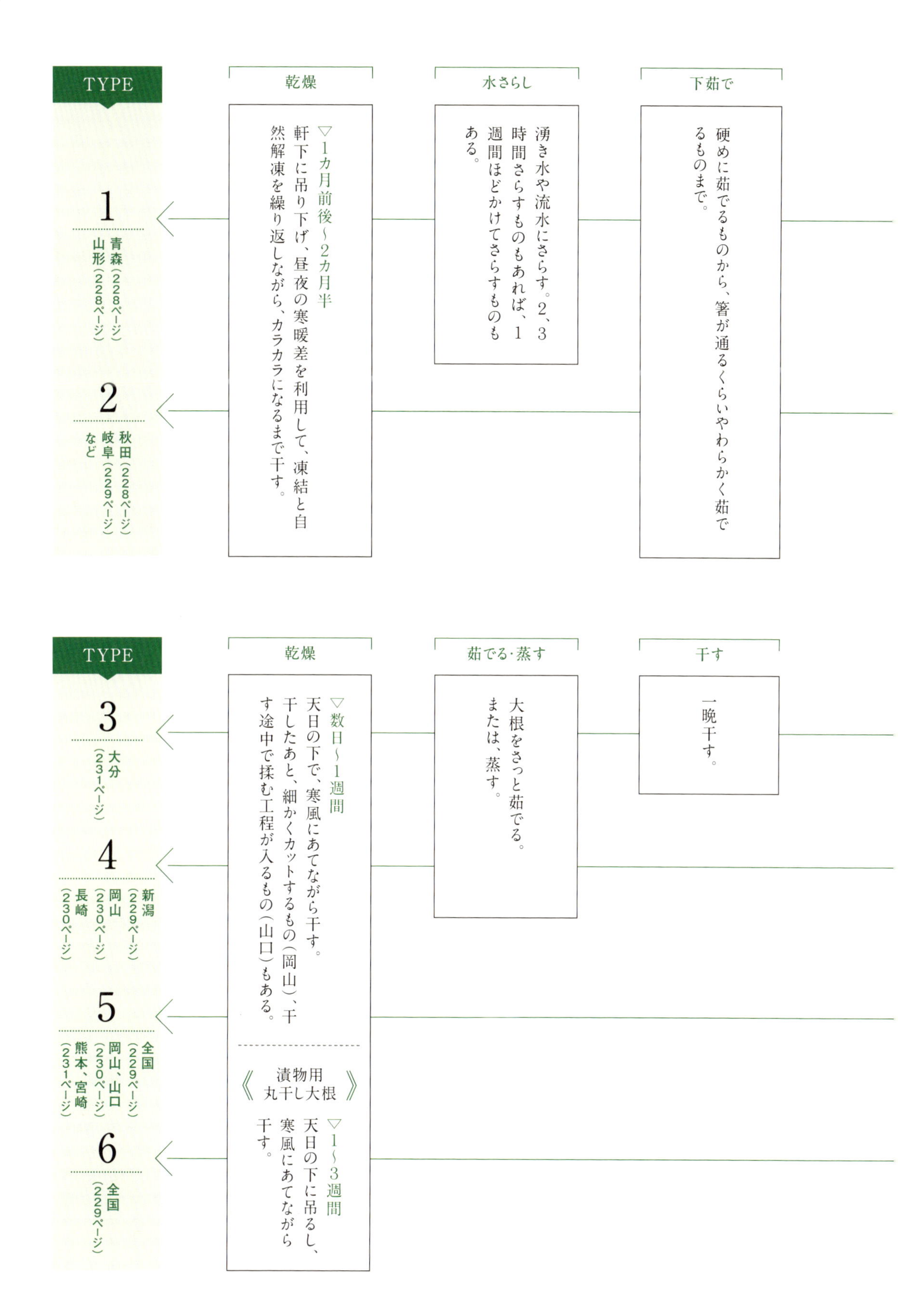
TYPE
1
青森（228ページ）
山形（228ページ）
2
秋田（228ページ）
岐阜（229ページ）
など
乾燥
▽1カ月前後〜2カ月半
軒下に吊り下げ、昼夜の寒暖差を利用して、凍結と自然解凍を繰り返しながら、カラカラになるまで干す。
水さらし
湧き水や流水にさらす。2、3時間さらすものもあれば、1週間ほどかけてさらすものもある。
下茹で
硬めに茹でるものから、箸が通るくらいやわらかく茹でるものまで。
TYPE
3
大分（231ページ）
4
新潟（229ページ）
岡山（230ページ）
長崎（230ページ）
5
全国（229ページ）
岡山、山口（230ページ）
熊本、宮崎（231ページ）
6
全国（229ページ）
乾燥
▽数日〜1週間
天日の下で、寒風にあてながら干す。干したあと、細かくカットするもの（岡山）、干す途中で揉む工程が入るもの（山口）もある。
《漬物用丸干し大根》
▽1〜3週間
天日の下に吊るし、寒風にあてながら干す。
茹でる・蒸す
大根をさっと茹でる。または、蒸す。
干す
一晩干す。

干し大根図鑑

自然環境に合わせた人々の惜しみない手仕事により、さまざまな特徴を持った干し大根がいまも姿を留めています。

青森

寒干し大根

秋に収穫した大根を3カ月ほど貯蔵し、年が明けてから仕込む。大根は茹でたあと、湧き水に1週間ほどさらすため、色の白さが際立った、美しい寒干し大根になる。

タイプ 1

秋田

寒干し大根

皮をむいた大根を茹で、熱々の状態で真ん中に紐を通し、風通しのよい軒下に吊るす。寒風にあてて乾燥させるため、1月末〜2月中旬にかけて作られる。

タイプ 2

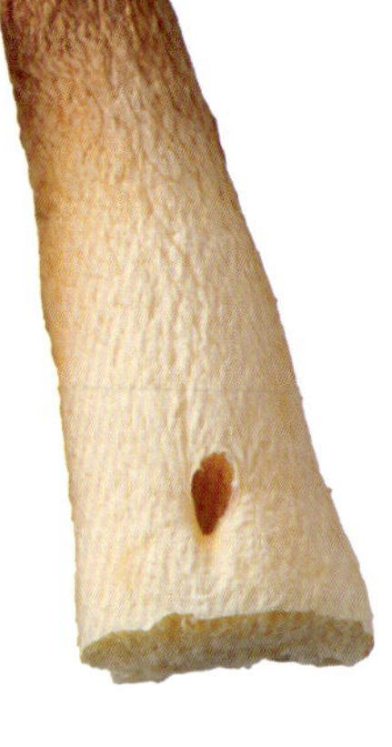

山形

凍み大根

皮をむいて、20cmほどの長さに切り、半割、または四つ割りにして茹でてから水に数時間さらす。軒下に吊るし、カラカラに乾燥するまで凍結と解凍を繰り返す。西蔵王が主な産地。

タイプ 1

岐阜
寒干し大根

冬の気温がマイナス20℃まで下がる豪雪地帯の岐阜市山之村地区で作られる。皮をむき、輪切りにした大根を茹でてから串に刺し、琥珀色になるまで寒風にさらす。噛むほどににじみ出る甘みが特徴。

タイプ 2

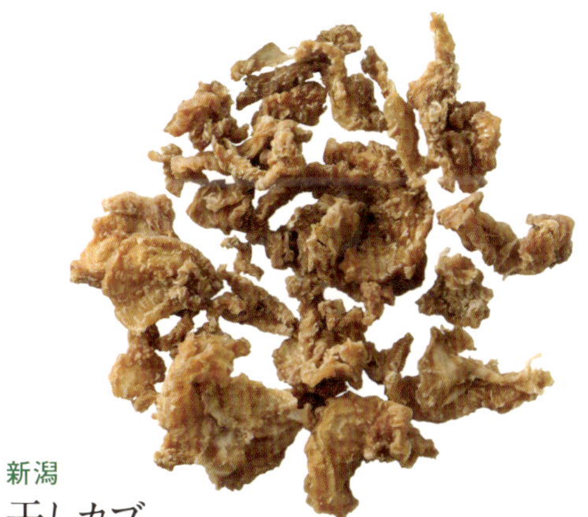

新潟
干しカブ

気温が高くなると越冬大根にはスが入りやすいことから、春が来る前に輪切りや半月切りにして湯にくぐらせ、天日干しにていたのが始まり。しっかりとした甘みが特徴。

タイプ 4

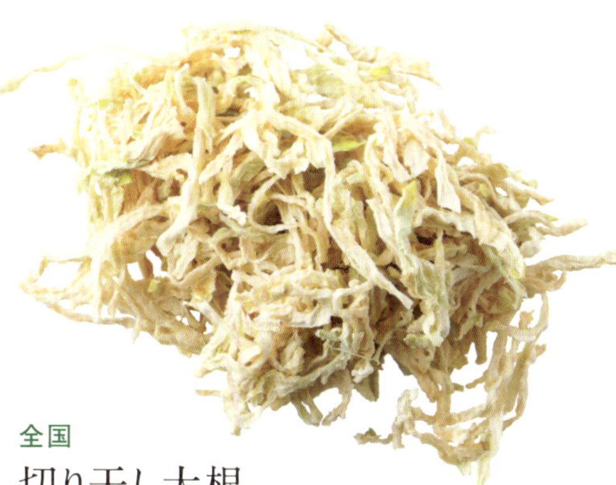

全国
切り干し大根 せん切り大根

せん切りの干し大根は、宮崎県が日本一の生産地。ビタミン大根で作る緑色の切り干し大根をはじめ、近年はカラフルな干し大根も登場している。

タイプ 5

全国
丸干し大根

たくあん用の大根。白首大根が向いているとされ、長く干すほど保存性が高まる。干すことで漬物らしい独特の歯ごたえが生まれる。

タイプ 6

岡山

蒸し干し大根

大根をせん切りにして蒸してから、乾燥させる。一度蒸しているため短時間で火が通りやすく、甘みの強さが特徴。

タイプ 4

山口

寒干し大根

下関市吉母(よしも)地区で作られる丸細の干し大根。1本を縦に4、5本に切り分け、それぞれ面取りをして干す。途中、水に浸けてやわらかくしてから、台の上で転がし、揉む工程が入る。立ててもだらんと曲がらないところまで乾燥させる。30、35、40、45cmの4段階に分かれている。

タイプ 5

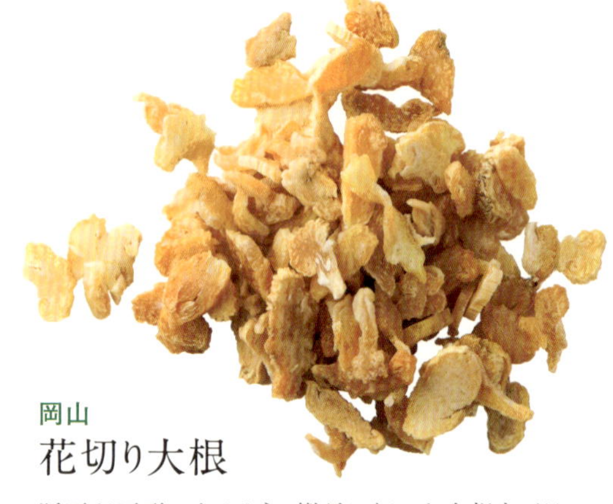

岡山

花切り大根

断面が扇形になるよう、縦長に切った大根を天日で干したあと、細かくカットする。戻すと花びらのようになり、煮ても歯ごたえがしっかり残る。

タイプ 5

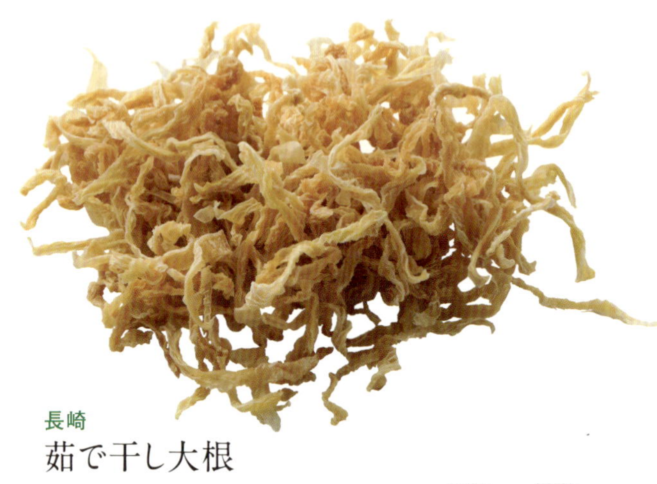

長崎

茹で干し大根

せん切り大根を茹でてから干しあげたもの。西海(さいかい)市の面高(おもだか)地区では、海にせり出した断崖絶壁の上に干し場を作り、地元で「大根風」と呼ばれる、冷たい海風にあてて乾かす。

タイプ 4

熊本
蛇腹大根

南阿蘇地域で作られる干し大根。蛇腹状になるよう細かく包丁が入っているので、乾燥が早い。長さは元の大根の3倍ほどになる。煮物、酢の物、味噌汁の具に使われる。

タイプ 5

大分
干しカブ

姫島村の干し大根。大根を縦長にスライスして、真ん中に切り込みを入れ、一昼夜干してから茹で、再び干して乾燥させる。こうすることで、やわらかさと甘みが増す。

タイプ 3

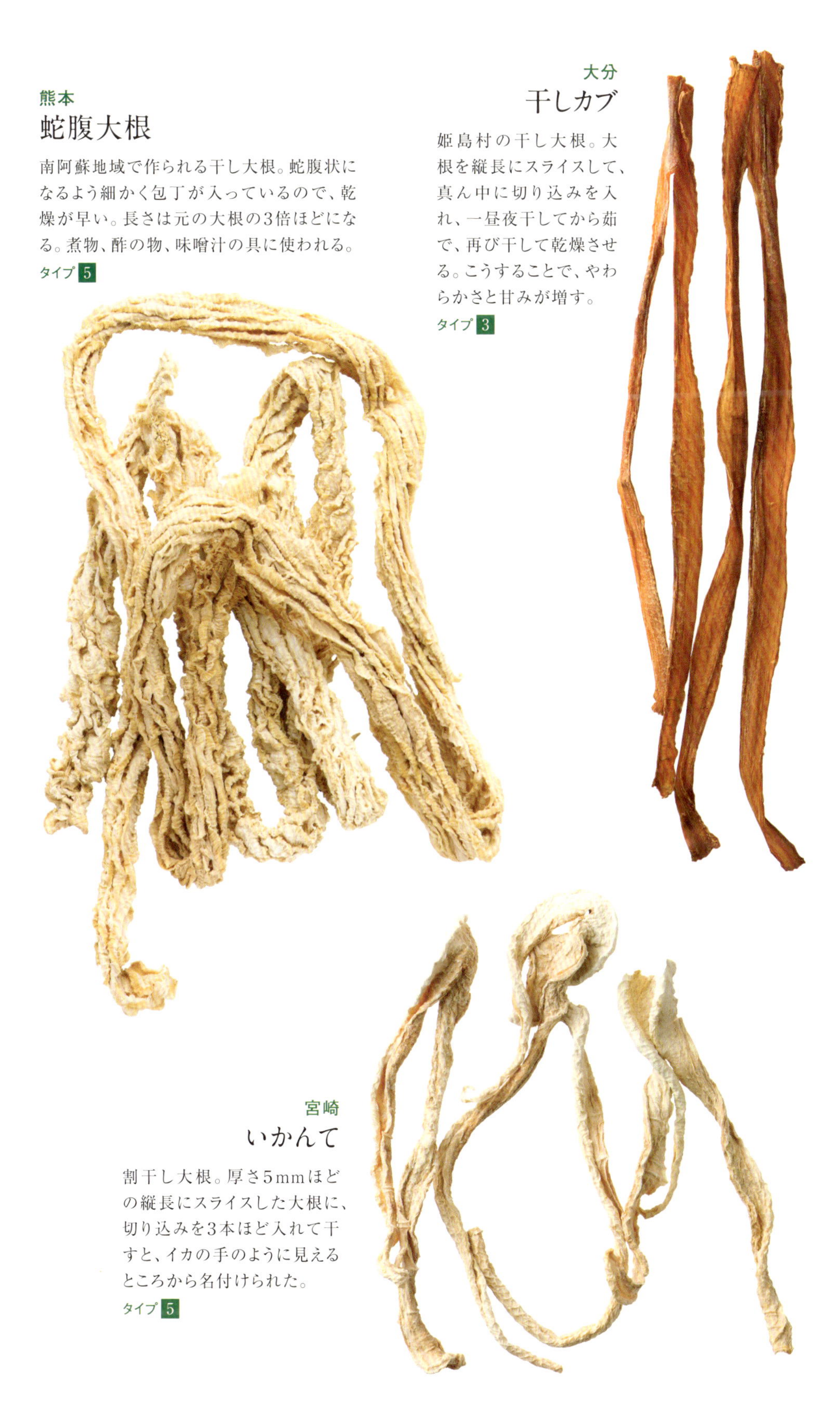

宮崎
いかんて

割干し大根。厚さ5mmほどの縦長にスライスした大根に、切り込みを3本ほど入れて干すと、イカの手のように見えるところから名付けられた。

タイプ 5

べったら漬け

たくあん

主な漬物名

べったら漬け（東京）

材料 大根（下漬け）、甘酒、鷹の爪

大根は干さず、皮をむいて塩で一晩下漬けしたものを甘酒に2、3日漬ける。べったら漬け縁の地、日本橋大伝馬町界隈では、江戸時代から続くべったら市が毎年10月に開かれる。

なた漬け（新潟）

材料 大根（下漬け）、甘酒

枝打ち用のなたで大根を切っていたところに名前は由来。皮をむいて乱切りにした大根を塩で1～2日下漬けしたあと、甘酒で1週間漬け込む。

主な漬物名

たくあん

材料 干し大根、米ぬか、塩

丸干し大根、または塩で下漬けした大根を米ぬか、塩などと一緒に漬け、発酵させていく。たくあんの黄色は、辛み成分が酵素によって分解したもので、長く漬けるほど黄色くなり、辛み成分が弱まる。

ぬか漬け

材料 大根、ぬか床

江戸初期に、白米を食べる習慣が広まり、ぬかがたくさん出るようになってから作られ始めた。玄米から落ちた栄養素は発酵食品として摂取することで、消化吸収が高まる。

図鑑

人々の知恵と、土地の微生物が作りあげる伝統製法の漬物は、
日本の食卓を最も長く支え続ける食の文化遺産です。

主な漬物名

なまぐさこうこ（新潟）

材料 大根、イワシの塩漬け

「しょっからいわし」と呼ばれるイワシの塩漬けを火にかけ、液状にしたもので大根を漬ける角田浜（かくだはま）地区に伝わる漬物。大根は干さず、沸騰させた塩水をかけてから漬ける。

べん漬け（石川）

材料 大根、いしる

イカの内臓を塩で発酵させた「いしる」で漬ける能登地方の浅漬け。

ごさい漬け（茨城）

材料 大根、イワシの塩漬け

塩漬けのイワシ（またはサンマ）を水洗いしてから、生の大根と塩と共に漬ける。

主な漬物名

柿漬け（秋田）

材料 大根（下漬け）、渋柿、砂糖

1週間ほど塩で下漬けした大根の漬け汁に、つぶして砂糖を混ぜた渋柿を合わせ、1カ月漬ける。正月料理で、来客には花形にして出すのが風習となっている。

地漬（じーじき）（沖縄）

材料 大根（下漬け）、黒砂糖

大根を塩で3、4日下漬けし、黒砂糖と交互に重ねて漬けたもので、1年ほどおくと、飴色になり、長くおくほど色も味もよくなる。

なまぐさこうこ

柿漬け

主な漬物名

山川漬け（鹿児島）

材料 干し大根、塩

干した大根を杵でついて身質を均一にしてから、すのこを敷いた壺に塩と共に入れ、途中出てくる水分をポンプで抜きながら、4カ月〜半年ほど漬ける。塩抜きしてから出荷される。

切漬け、水漬け

材料 大根、塩

大根は干したり、下漬けせず、大きめに切ってそのまま塩と共に樽に入れ、重石をして20日〜1カ月ほど漬ける。大根の白さをそのまま保ち、歯ざわりの良さを楽しむ。東北や北関東で古くから見られる漬け方。

主な漬物名

守口漬け（愛知）

材料 守口大根（下漬け）、酒粕、みりん粕

2カ月ほど塩漬けした大根を、酒粕とみりん粕で約2年漬け込む。途中、漬け替えを行い、仕上げにみりん粕で琥珀色に仕上げる手法は、明治の初め、料理人出身の実業家が考案した。

桜島大根の粕漬け（鹿児島）

材料 桜島大根（下漬け）、酒粕

輪切りにして半年〜1年半下漬けした大根を、酒粕に漬け込む。「桜島漬」「さつま漬」などの商品名で販売されている。

漬物に見る大根仕事>> 漬物

主な漬物名

寒漬け（山口）

材料 大根（下漬け）、醤油、みりん、砂糖

塩漬けした大根を寒風にさらし、途中、叩いて伸（の）してを繰り返しながら3カ月ほど干し、樽詰して熟成。そのあと塩抜きし、1週間ほど調味料に漬ける。

寒漬け（熊本）

材料 干し大根、塩、酢、砂糖、醤油、みりん、昆布

2週間ほど干してから塩漬けし、再び1〜2カ月干すという2度干しの大根で作られる。飴色になったら、薄切りにして調味料に1、2日漬ける。

主な漬物名

いぶりがっこ（秋田）

材料 大根（燻したもの）、米ぬか、塩、ざらめ

雪が多く、日照時間が短い土地では、天日干しでは乾燥が足りず、囲炉裏の上で大根を干すようになったのが始まり。2〜5日ほど燻し、2カ月以上漬け込む。室町時代にはすでにあったと言われる。

大根料理の原点

大根郷土料理一覧

あらゆる素材を引き立てる大根は、郷土料理でもお袋の味や行事食に欠かせない存在です。

ぴんぴら…太めのせん切りにした大根を唐辛子と醤油、砂糖で炒めたもの。油揚げが入ることもある。

大根のしょっから煮…塩鮭のアラを骨がやわらかくなるまで煮て、粗くおろした大根と酒粕、味噌で味付けしたもの。

富山

ぶり大根…ぶりのアラと大根の煮物。

おすわい／すばい…砂糖と醤油で煮た油揚げと、塩でしんなりさせたせん切りの大根、人参を甘酢で和えた料理。

あいまぜ…大根の葉の塩漬けとせん切り大根に味噌と酒粕を加え、大根の水分だけで煮込んだ料理。

石川

大根鮨…身欠きにしんと下漬けした大根を甘酒で漬けたなれずし。

なべおくもじ…短冊に切った大根とざく切りの葉に塩をして一晩鍋におき、水を加えて煮たもの。赤唐辛子を加えてもよい。

福井

ごんざ…大根と打ち豆、人参の煮物。

大根葉のおあえ…大根の葉を味噌とみりん、白ごまで味付けした炒め物。きな粉をかける食べ方もある。

から大根…あたった黒ごま、醤油、唐辛子で味付けしたピリ辛の煮物。

こっぱなます…白ごまと辛子入りの酢味噌で大根と人参を和えたなます。焼いた油揚げが入る。

へしこのぬかと大根の煮物…アワビの殻にへしこのぬかと水を合わせ、大根を煮たもの。

長寿なます…白ごまと厚揚げに辛子、酢、砂糖、味噌を加えてよくあたり、大根と人参を和えたなます。

大根のよごし…ごまと味噌をすり鉢であたり、茹でた大根を和えたもの。

長野

凍み大根のお田植えの煮物…身欠きにしん、わらび、こんにゃくなどと焚いた根菜の煮物。

あんこうのとも和え…炒めたあんこうの肝に切り干し大根と茹でたあんこうの身を加え、味噌と少量の砂糖で味付けした料理。

茨城

がりがりなます…鬼おろしで粗くおろした大根と酢漬けの魚を、酢、味噌、砂糖で和えた料理。

すみつかれ…塩鮭の頭と煎り大豆、油揚げを粗くおろした大根と人参、酒粕と共に煮込み、酢、砂糖、醤油で味を調えたもの。

ゆず大根…軽く干した輪切りの大根でゆず皮を巻き、甘酢に漬けたもの。地域によってゆず巻きとも呼ばれる。（埼玉、栃木）

エビ大根…川エビと大根の煮物。（栃木、群馬、埼玉、千葉、岐阜）

栃木

しもつかれ…塩鮭の頭と煎り大豆を、粗くおろした大根と人参、酒粕で焚き、醤油で味を調える。

かてそば…せん切り大根をそばと共に茹でて、冷たいそばに仕立てる。

群馬

すみつかり…塩鮭の頭と煎り大豆、粗くおろした大根と人参、ちくわ、油揚げを醤油と砂糖で煮る。

埼玉

すみつかれ…粗くおろした大根と煎り大豆、油揚げを煮て、醤油で味を調えたもの。いりこや人参を加えることも。

千葉

すみつかれ…粗くおろした大根と人参、煎り大豆を砂糖、醤油、みりんで煮て、崩した豆腐、油揚げ、酒粕を加えて煮込む。

神奈川

おろぬき大根のごまよごし…間引きしたやわらかい大根の葉で作るごま和え。

新潟

きりあえ…大根の味噌漬けを刻み、白ごま、ゆず、砂糖を混ぜた和え物。

北海道

飯寿司（いずし）…鮭やホッケを大根と人参、キャベツ、しょうが、ごはん、麹で発酵させた正月料理。

くじら汁…塩漬けのくじらの脂身、大根などの野菜、豆腐をだしで煮て、醤油仕立てにした汁物。

青森

煮あえっこ…豆腐とせん切りの大根、ごぼう、人参、わらび、油揚げの炒め煮。

じゃっぱ汁…たらのアラと肝、胃袋などを大根やねぎと焚いた味噌仕立ての汁物。

岩手

氷頭なます…鮭の頭の軟骨を塩揉みして酢に浸け、大根と人参と共に酢・砂糖・塩で和えたもの。

イカと大根の煮物…イカと大根を味噌、醤油、イカの肝と共に焚いた煮物。

宮城

へそ大根の煮しめ…凍み大根を里芋や凍み豆腐、干ししいたけと煮たもの。

どんこ汁…ぶつ切りのエゾイソアイナメとその肝、大根、じゃがいも、ねぎ、豆腐を焚いた味噌汁。

秋田

おろし汁…仕上げに大根おろしを加えた味噌汁。

山形

うどと凍み大根のどんころ煮…身欠きにしん、うど、凍み大根を焚いた早春の頃に作られる煮物。

凍み大根と身欠きにしんの煮物…田植えのときに作られる郷土料理。

柿なます…干し柿入りの紅白なます。

福島

べんけい…酢、醤油、砂糖、唐辛子で調味した大根と芋がらの炒め煮。

ひきないり…せん切りにした大根と人参、油揚げの炒め煮。

高知

ぐる煮…さいの目に切った根菜や厚揚げをだしで煮て、醤油で風味付けした煮物。

福岡

よごしもん…茹でた大根の葉を刻み、酢味噌で和え、ごまをふりかける。

佐賀

かけあえ…イカ、イワシなどの魚介を、短冊切りか粗めにおろした大根と共にすりごま入りの酢味噌で和えたもの。

つくりじゃー…塩でしんなりさせた角切り大根を、みかんの皮を加えたごま味噌で和えたもの。

長崎

茹で干し大根とかんぼこの煮物…青魚のすり身揚げを干し大根と煮た料理。

こぐり大根…フナと昆布、大根を味噌、砂糖でべっこう色になるまで煮たもの。

熊本

蛇腹大根の煮物…干し大根としいたけ、人参の炒め煮。

大分

あいまぜ…醤油で煮付けた切り干し大根やしいたけを、白和えのように豆腐で和えた料理。

けんちゃん…いちょう切りにした大根、人参、里芋などを醤油で味付けした汁気のある煮物で、うどんにかけて食される。

宮崎

酢のしゅい…大根おろしとイワシを煮て、淡口醤油と酢で味を調えた汁物。

鹿児島

とんこつ…豚の軟骨と大根の味噌煮。

沖縄

でーくにうぶさー…大根、厚揚げ、さつま揚げなどを醤油、または味噌で味付けした煮物。

脚てぃびち…下茹でした豚足や肋骨、大根を昆布と共に煮込み、塩と醤油で味を調えたもの。

和歌山

すろっぽ…せん切りの大根と人参、油揚げをだし、砂糖、淡口醤油で煮た料理。

鳥取

けんちん…大根、人参、ごぼう、里芋、こんにゃく、昆布、豆腐の煮物。精進料理。

親ガニの味噌汁…メスのズワイ蟹と大根の味噌汁。

大根のしょうから煮…ヌカエビ、ゴマメイワシ、イカなどの塩辛を水でのばし、せん切り大根を焚いたもの。

岡山

アミと大根の煮付け…アミ（小エビ）といちょう切りの大根を醤油、酒、砂糖で煮た料理。

広島

煮ごめ…小豆とさいの目に切った大根などの根菜を、だしと醤油で煮た精進料理。

煮菜（にじゃー）…せん切り大根、ねぎ、油揚げ、いりこを野菜の水分だけで炒め煮にし、醤油で味を調えたもの。

イワシ漬けの煮物…小イワシと大根、白菜などの野菜を2カ月ほど塩漬けしたもの。煮て食べる。

山口

けんちょう…大根と人参、豆腐の炒め煮。

徳島

ならえ…干ししいたけの戻し汁で大根、れんこんなどの具を焚き、合わせ酢に移して味をなじませる。

けんちゃん煮…いりこだしで大根、人参、ごぼうを煮て、豆腐と油揚げを加え、砂糖と醤油で味を調える。

香川

たくあんのきんぴら…塩抜きした古漬けの炒め物。

てっぱい…酢締めにしたフナと塩揉みした大根を酢味噌で和えた料理。

愛媛

せっか汁…米の研ぎ汁に麦味噌を溶き、丸干し大根、ごぼう、人参、里芋、油揚げを煮た汁気の多い煮物。

かきざい…大根、里芋、切り昆布をいりこのだしで煮て、醤油で薄味に調え、崩した豆腐を加えた煮物。

おしぼりうどん…辛味大根のしぼり汁に味噌を溶かし、温かいうどんのつけ汁にする。

岐阜

ねずし…麹を加えたごはんに塩マス、せん切りにした大根、人参を合わせ発酵させたなれずしの一種。

煮あえ…大根、人参、油揚げ、昆布を酢と砂糖、塩で炒め煮にした料理。

静岡

らっかせいなます…すり鉢であたったピーナッツを加えた紅白なます。

愛知

ふろふき大根…豆味噌で作る味噌だれが特徴。

煮みそ…大根、人参、里芋、ごぼう、こんにゃくを豆味噌で焚いた煮物。

大根焚き…かつおだしで大根を焚き、ざらめ、たまり醤油で飴色になるまで煮込んだ料理。

三重

ちゃつ…大根、人参、れんこん、昆布、油揚げを細切りにし、砂糖、酢、塩、水で白く煮る。煮和えともいう。

煮なます…大根、しいたけ、人参を砂糖、醤油、酢で汁気がなくなるまで煮た正月料理。

滋賀

ぜいたく煮…塩抜きした古漬けのたくあんを醤油、みりんでやわらかく焚いた煮物。

京都

けんちゃん煮…大根、人参、ごぼう、里芋、こんにゃく、豆腐、油揚げの炒め煮。

大阪

大阪漬け…大根と大根の葉を刻み、塩揉みした浅漬け。

船場汁…塩さばのアラと大根を焚いた潮汁。

兵庫

大根の酒粕煮…塩マスを大根、人参、ちくわと煮て、酒粕を溶き入れ、醤油で味付けした煮物。

奈良

柿なます…干し柿を加えた紅白なます。

ごんさ…大根、里芋、人参、こんにゃく、厚揚げの煮物。

画像協力

NHK出版『やさいの時間』（P.209聖護院大根、源助大根、P.210三浦大根、P.218女山大根）
沖縄県農林水産部（P.210鏡水大根）
鹿児島県（P.211桜島大根、P.219国分大根）
鹿児島県大島郡瀬戸内町（P.219古志大根）
JA東京中央会（P.212伝統大蔵大根、P.216東光寺大根、P.222亀戸大根）
京都市産業観光局農林振興室農林企画課（P.212桃山大根、P.214茎大根、P.217青味大根、P.220辛味大根）
山形県農林水産部農産物販路開拓・輸出推進課（P.213花作大根、P.216小真木大根、P.224〜225）
滋賀県（P.213山田ねずみ大根、P.221伊吹大根）
大阪府環境農林水産部農政室（P.213田辺大根、P.216守口大根）
長野県農政部（P.214前坂大根、P.215牧大根、山口大根、P.219たたら大根、P.220親田辛味大根、P.221ねずみ大根、戸隠大根、灰原辛味大根）
山口県農林水産部農業振興課（P.215とっくり大根）
奈良県（P.216祝大根）
福井県農林水産部中山間農業・畜産課（P.217板垣大根）
和歌山県海草振興局農業水産振興課（P.217青身大根）
岩泉ホールディングス株式会社（P.219安家地大根）
秋田県／あきた郷土作物研究会（P.219大館地大根）
有限会社イメージ・クリエーション（P.219赤筋大根）
日光市（P.219唐風呂大根）
愛媛県農産園芸課野菜・花き係（P.219庄大根）
高知県（P.219入河内大根）
熊本県農林水産部生産経営局農産園芸課（P.219五木赤大根）
宮崎県総合農業試験場薬草・地域作物センター（P.220平家大根）
宮城県（P.222小瀬菜大根）

取材協力

金山町（P.223あざき大根）
愛知県農業水産局農政部園芸農産課（P.223方領大根）
新潟市角田地区コミュニティセンター（P.232なまぐさこうこ）
農林水産省WEBサイト うちの郷土料理（P.232べったら漬け、柿漬け、P.233いぶりがっこ）
松館しぼり大根栽培組合
錦見農業生産協同組合（岩国赤大根）
山口県農業協同組合下関西部営農センター（寒干し大根）

参考文献

『日本の大根』西山市三編（1958年・日本学術振興会）
『大根百珍』室山三柳訳（1992年・大曜）
『聞き書ふるさとの家庭料理 8 漬けもの』農山漁村文化協会編（2003年・農山漁村文化協会）
『聞き書ふるさとの家庭料理 9 あえもの』農山漁村文化協会編（2003年・農山漁村文化協会）
『聞き書ふるさとの家庭料理 14 冬のおかず』農山漁村文化協会編（2003年・農山漁村文化協会）
『考える大根 大根読本』東京農大・NPO法人「良い食材を伝える会」監修（2005年・東京農業大学出版会）
『「旬」がまるごと3月号 特集だいこん』（2009年・ポプラ社）
『47都道府県・地野菜／伝統野菜百科』成瀬宇平、堀知佐子（2009年・丸善出版）
『東北ダイコン風土誌』佐々木寿（2011年・東北出版企画）
『日本の伝統野菜』板木利隆監修、真木文絵、石倉ヒロユキ編著（2015年・岩崎書店）
『やさいの時間9月号 特集 地方大根を育てる！』（2015年・NHK出版）
『大根はエライ』久住昌行（2018年・福音館書店）
『地だいこんの遺伝資源としての価値と全国の地だいこん』佐々木寿（2019年・独立行政法人農畜産業振興機構）

おわりに

大根は、料理人の成長を映し出す鏡のような存在かもしれません。

調理場で、ほぼ毎日のように触る大根。
その役割は、1年を通して変化していきます。
料理で主役になるのは、甘みと白さが増す厳冬の頃。
出番が少ない季節は脇役や裏方として、多くの食材の引き立て役にまわります。

長年繰り返されてきた大根仕事には、
日本料理の技術を身につけるための基本がたくさん含まれています。
実際、日本料理人は大根と共に歩み、成長していきます。
技術の未熟な若い料理人には、伴走者のように寄り添い、
仕事を覚えてからは、その成果をあらゆる場面で映し出す。
大根は、料理人の成長をありのままに映す鏡のような存在かもしれません。

いろんな食材が簡素化され、わかりやすく、使いやすくないと残っていけない時代。
それでも、忘れてほしくないのが、下ごしらえの大切さです。
古くさい言い方になりますが、見えない努力が料理の仕立てを左右します。
大根おろしも、フードカッターがあれば数秒。
そもそも大根おろしとして仕入れることもできます。
でも、おろし金を使って正しくおろした大根を口に含んでみてください。
きっと料理人を志す貴方なら、答えがわかります。

もし、日本に大根がなかったら、料理人が身につける技術や考え方、
そして日本料理の風景は、いまとかなり違っていたでしょう。
大根が日本料理に与えた影響には、計り知れないものがありそうです。
たかが大根、されど大根。
これからも、大切に料理していきたいと思います。

「日本料理 一凛」 橋本幹造

2024年9月

日本料理 一凛
東京都新宿区袋町3-4
クレール神楽坂14-3階
☎03-6265-0554
https://mikizo.com/

橋本幹造

1970年、京都府生まれ。18歳で料理の道へ。日本料理店に5年勤めたのち、20代前半で青果市場へ転職。全国の産地を巡る機会を得て、野菜の栽培と流通の知識を深める。20代半ばで上京し、料理の世界へ復帰。赤坂の京料理店で料理長を務めたあと、2007年、東京・外苑前に「日本料理 一凜」を独立開店。2022年、神楽坂に移転。独立後は、包丁、土鍋など調理器具のプロデュース、地域活性のメニュー開発など、多方面で活躍している。

調理アシスタント
関 真由美

編集・執筆
伊東由美子

撮影
小林キユウ

装丁・デザイン
渡邉百合子

校閲
河合寛子

監修（P.204～223）
佐々木 寿

企画
中村智樹（誠文堂新光社）

料理人が知っておきたい 素材を生かす大根仕事 品種図鑑付き

大根料理大全

2024年10月20日 発 行 NDC596

著 者 橋本幹造
発 行 者 小川雄一
発 行 所 株式会社 誠文堂新光社
〒113-0033 東京都文京区本郷3-3-11
https://www.seibundo-shinkosha.net/
印刷・製本 TOPPANクロレ 株式会社

ISBN978-4-416-52369-8